JN007726

# 短答式試験対策シリーズ

# 企業法

TAC公認会計士講座

ADVANCED アドバンスト問題集

TAC出版

TAC PUBLISHING Group

CERTIFIED PUBLIC ACCOUNTANT

# はじめに

　本書は，好評いただいている『ベーシック問題集　企業法』の上級版として，本試験の質とレベルを具現化してスリムな1冊の問題集にまとめたものです。

　論点の選別においても，問題の難易度においても，より本試験に近い質とレベルにあわせて編集してありますので，本試験での合格点突破をより確実なものにするために最適な問題集となっています。

　この本に載っている問題を試してみてください。本試験の雰囲気がつかめるはずです。

　なかには解説を読んでもピンとこないような，難しすぎると思われる問題もあるかもしれません。そんなときは，普段の勉強に使っている基本書に立ち戻り，該当論点についての理解を今一度，確認してください。問題を解こうとして悩み，間違えたあとですから，理解は一段と深まるはずです。

　公認会計士短答式試験合格のために，ぜひ本書をご活用ください。

　　　　　　　ＴＡＣ法学研究室：公認会計士「短答式」プロジェクトチーム

　本書執筆にあたっては，令和5年4月1日現在有効な法令に準拠しています。

# 目　次

# IV 機 関

# V 計算等

# VI 事業の譲渡

# XⅢ　金融商品取引法

# ◆凡例

1. 本書では，原則として，会社法(平成17年法86号)の条文は，条文数のみで
引用している。たとえば，(104条)は(会社法104条)の意味であり，(第2編第4
章第1節第1款)は(会社法第2編第4章第1節第1款)の意味である。そし
て，会社法以外の商法，金融商品取引法，民法，手形法，小切手法，商業登
記法などについては，法令名および条文数を引用した。ただし，同一問題の
解説のなかで，会社法，商法，金融商品取引法などの多くの法令を引用し混
乱するおそれがある場合には，会社法についても法令名および条文数を引用
している。なお，問題文は，本試験同様，法令名および条文数を引用してい
る。

① 条文数のみ＝会社法(平成17年法86号)

② 商法＝商法(平成17年改正後)

③ 改正前商法＝平成17年改正前商法

④ 整備法＝会社法の施行に伴う関係法律の整備等に関する法律

⑤ 施行規則＝会社法施行規則

⑥ 計算規則＝会社計算規則

⑦ 振替法＝社債，株式等の振替に関する法律

⑧ 金商法＝金融商品取引法

⑨ 施行令＝金融商品取引法施行令

⑩ 大量保有府令＝株券等の大量保有の状況の開示に関する内閣府令

⑪ 開示府令＝企業内容等の開示に関する内閣府令

2. 判例の引用については，次の方式に従っている。

① 大判大9.11.15＝大正9年11月15日大審院判決

② 大判昭14.2.18＝昭和14年2月18日大審院判決

③ 最判昭38.12.6＝昭和38年12月6日最高裁判所判決

④ 最判平9.1.28＝平成9年1月28日最高裁判所判決

# 問題編

Certified Public Accountant

# 会社法総論

会社に関する次の記述のうち，正しいものの組合せとして最も適切な番号を一つ選びなさい。

ア．株式会社は，他の会社の無限責任社員になることができない。

イ．最高裁判所の判例によれば，会社は定款所定の目的の範囲内において能力を有するが，目的の範囲内の行為とは，定款に明示された目的自体に限られるものではなく，その目的の遂行に直接又は間接に必要な行為もこれに包含される。

ウ．公開会社でない株式会社とは，その発行する全部又は一部の株式の内容として譲渡による当該株式の取得について株式会社の承認を要する旨の定款の定めを設けている株式会社をいう。

エ．清算をする会社は，清算の目的の範囲内においてのみ権利能力を有し，現務の結了のために行う商品の売却，仕入れ等をすることができる。

　　1．アイ　　　2．アウ　　　3．アエ　　　4．イウ　　　5．イエ　　　6．ウエ

# 株式会社の設立

株式会社の設立に関する次の記述のうち，正しいものの組合せとして最も適切な番号を一つ選びなさい。

ア．発起人の人数について制限はなく，1人でもよいし，また，法人や成年被後見人は発起人となることができる。

イ．募集設立においては，発起人は必ずしも設立時発行株式を引き受けなくてもよい。

ウ．発起人は，株式会社の成立後でも，錯誤，詐欺又は強迫を理由として設立時発行株式の引受けの取消しをすることができる。

エ．発起人は，出資の履行をすることにより設立時発行株式の株主となる権利を譲渡しても，当該譲渡を成立後の株式会社に対抗することはできない。

1．アイ　　2．アウ　　3．アエ　　4．イウ　　5．イエ　　6．ウエ

変態設立事項に関する次の記述のうち，正しいものの組合せとして最も適切な番号を一つ選びなさい。

ア．発起設立において，現物出資に関する検査役の調査報告を受けた裁判所は，その内容を不当と判断したときは，発起人に命じて定款を変更させなければならない。

イ．最高裁判所の判例によれば，株式会社の設立にあたって，発起人が原始定款に記載又は記録することなく財産引受契約を締結した場合，成立後の株式会社は，株主総会の特別決議によって，当該契約を追認することができる。

ウ．銀行等の払込取扱機関に支払うべき手数料及び報酬は，原始定款に記載又は記録されていなくても，当然に成立後の株式会社が負担しなければならない。

エ．株式会社の設立の際には，発起人の全員の同意があったとしても，発起人以外の者が現物出資をすることができない。

　　1．アイ　　2．アウ　　3．アエ　　4．イウ　　5．イエ　　6．ウエ

## 問題 4 設立に関する責任

設立についての責任に関する次の記述のうち，正しいものの組合せとして最も適切な番号を一つ選びなさい。

ア．株式会社の成立の時における現物出資又は財産引受けの目的となった財産（以下「現物出資財産等」という。）について，株式会社成立当時の実価が定款で定めた価額に著しく不足する場合，株式会社に対し，連帯して，不足額を支払う義務を負うのは，発起人及び設立時取締役である。

イ．募集設立において，現物出資財産等の価額について，株式会社成立当時の実価が定款で定めた価額に著しく不足する場合，現物出資者又は財産引受けの目的となった財産の譲渡人以外の発起人及び設立時取締役は，たとえ検査役の調査を経た場合であっても，不足額の支払義務を免れることができない。

ウ．株式会社が成立しなかった場合，連帯して，株式会社の設立に関してなした行為についてその責任を負い，株式会社の設立に関して支出した費用を負担する者は，発起人に限られている。

エ．株式会社の成立の時における現物出資財産等について，株式会社成立当時の実価が定款で定めた価額に著しく不足する場合，定款で定めたこれらの財産の価額が相当であることについて証明をした弁護士は，当該証明をなすにつき注意を怠らなかったことを証明したとしても，不足額の支払義務を免れることはできない。

1．アイ　　2．アウ　　3．アエ　　4．イウ　　5．イエ　　6．ウエ

　　株式会社の募集設立に関する次の記述のうち，正しいものの組合せとして最も適切な番号を一つ選びなさい。

ア．定款に変態設立事項についての記載又は記録がないときは，発起人はその株式の引受け後遅滞なく，募集株式の引受人は発起人が定めた払込期日又は払込期間内に，それぞれ引き受けた株式について発行価額全額の払込みをしなければならない。

イ．発起人は，定款に変態設立事項についての記載又は記録があるときは，原則として公証人の認証の後遅滞なく，当該事項を調査させるため，裁判所に対し検査役の選任の申立てをしなければならない。

ウ．公証人の認証を受けた定款は，株式会社の成立前には変更することができないから，創立総会の決議によっても，定款の変態設立事項を変更することはできない。

エ．設立しようとする株式会社が種類株式発行会社である場合において，創立総会において，ある種類の株式の内容について，株式会社が一定の事由が生じたことを条件として当該株式を取得することができるとの定款の定めを設けるときは，当該定款変更は，その種類の設立時発行株式の設立時種類株主を構成員とする種類創立総会の決議がなければその効力を生じない。

　　1．アイ　　2．アウ　　3．アエ　　4．イウ　　5．イエ　　6．ウエ

　　　　出資の履行を仮装した場合の責任等

　　出資の履行を仮装した場合の責任等に関する次の記述のうち，正しいものの組合せとして最も適切な番号を一つ選びなさい。

ア．発起人が出資に係る金銭の払込みを仮装した場合には，当該発起人は払込みを仮装した出資に係る金銭の全額の支払義務を負う。

イ．発起人が出資に係る金銭の払込みを仮装した場合，払込みを仮装することに関与した発起人又は設立時取締役として法務省令で定める者は，株式会社に対し，過失の有無にかかわらず，当該発起人と連帯して払込みを仮装した出資に係る金銭の全額の支払をする義務を負う。

ウ．出資に係る金銭の払込みを仮装した設立時発行株式の引受人の責任は，総株主の同意があっても，免除することができない。

エ．出資に係る金銭の払込みを仮装した設立時発行株式又はその株主となる権利を譲り受けた者は，払込みが仮装されたことについて悪意又は重大な過失がなければ，当該設立時発行株式についての設立時株主及び株主の権利を行使することができる。

　　1．アイ　　　2．アウ　　　3．アエ　　　4．イウ　　　5．イエ　　　6．ウエ

# 問題 **7**　設立の瑕疵

株式会社の設立に関する次の記述のうち，正しいものの組合せとして最も適切な番号を一つ選びなさい。

ア．株式会社の設立の無効は，訴えによれば誰でも主張することができる。

イ．株式会社の設立の無効の訴えは，会社成立の日から2年以内に提起しなければならない。

ウ．株式会社の設立に関しては，設立の無効の訴えと設立の取消しの訴えが認められている。

エ．株式会社の設立を無効とする判決が確定した場合は，その判決の効力は将来に向かってのみ生じる。

1．アイ　　2．アウ　　3．アエ　　4．イウ　　5．イエ　　6．ウエ

# 問題 8　種類株式①

種類株式に関する次の記述のうち，正しいものの組合せとして最も適切な番号を一つ選びなさい。

ア．公開会社は，ある種類の株式の種類株主を構成員とする種類株主総会において取締役を選任することができる種類株式を発行することができない。

イ．種類株式発行会社が公開会社である場合において，議決権制限株式の数が発行済株式の総数の2分の1を超えるに至ったときには，直ちに議決権制限株式の数を発行済株式の総数の2分の1以下にするための必要な措置をとらなければならない。

ウ．指名委員会等設置会社は，株主総会において決議すべき事項のうち，株主総会の決議のほかに，その種類の株式の種類株主を構成員とする種類株主総会の決議を要する種類株式を発行することができない。

エ．公開会社である株式会社は，取締役又は監査役の選任について議決権を行使することのできない種類株式を発行することができない。

1．アイ　　2．アウ　　3．アエ　　4．イウ　　5．イエ　　6．ウエ

Ⅲ
株
式

種類株式に関する次の記述のうち，正しいものの組合せとして最も適切な番号を一つ選びなさい。

ア．種類株式発行会社が既発行の種類株式を譲渡制限種類株式にする定款変更を行う場合において，株式会社に対して株式買取請求権を行使できるのは，譲渡制限が付される当該種類株式の種類株主のみであり，当該株式を交付される可能性のある取得請求権付種類株式の種類株主が株式買取請求権を行使できる余地はない。

イ．既発行の種類株式を取得条項付種類株式にする定款変更を行う場合には，当該種類株式を有する種類株主全員の同意を得る必要があるが，既発行の種類株式を全部取得条項付種類株式にする定款変更を行う場合には，当該種類株式を有する種類株主全員の同意を得る必要はない。

ウ．取得請求権付種類株式の種類株主は，取得請求権付種類株式の対価の内容が当該株式会社の他の種類の株式以外の金銭その他の財産である場合には，分配可能額がなければ，株式会社に対して，自己の有する取得請求権付種類株式を取得することを請求できない。

エ．種類株式発行会社が，株式の種類の追加・株式の内容の変更・発行可能株式総数又は発行可能種類株式総数の増加を内容とする定款変更を行う場合において，その定款変更によりある種類の株式の種類株主に損害を及ぼすおそれがあるときであっても，定款で定めれば，その種類の株式の種類株主を構成員とする種類株主総会の決議を不要とすることができる。

1．アイ　　2．アウ　　3．アエ　　4．イウ　　5．イエ　　6．ウエ

# 譲渡制限株式①

譲渡制限株式に関する次の記述のうち，正しいものの組合せとして最も適切な番号を一つ選びなさい。

ア．株式会社は，その発行する株式の一部について譲渡制限の定めを設けることができる。

イ．定款変更により株式の全部につき譲渡制限の定めを設ける場合には，原則として，株主総会において，議決権を行使できる株主の半数以上，又は当該株主の議決権の3分の2以上にあたる多数の賛成が必要となる。

ウ．株式会社は，株式を株主以外の者に譲渡する場合に限って譲渡を制限する旨の定めを定款に設けることはできない。

エ．譲渡制限株式については，原則として，株式会社が譲渡を承認しない限り，株式取得者が株主名簿の名義書換を請求することはできない。

  1．アイ　　2．アウ　　3．アエ　　4．イウ　　5．イエ　　6．ウエ

　**譲渡制限株式②**

譲渡制限株式に関する次の記述のうち，正しいものの組合せとして最も適切な番号を一つ選びなさい。

ア．譲渡制限株式の株主は，その有する譲渡制限株式を他人（当該譲渡制限株式を発行した株式会社を除く。）に譲渡しようとするときは，当該株式会社に対し，譲渡の承認をするか否かの決定をすることを請求できるが，譲渡制限株式を取得した株式取得者は，こうした請求はできない。

イ．株式会社が譲渡制限株式の譲渡を承認せず，当該株式を買い取らなければならない場合には，当該株式を買い取る旨及び買い取る株式数について，株主総会の特別決議により決定する必要があり，かかる特別決議を定款により排除することはできない。

ウ．株式会社が譲渡制限株式の譲渡を承認せず，当該株式を買い取らなければならない場合に要求される株主総会においては，譲渡承認請求をした株主であっても，原則として議決権を行使できるが，その結果として著しく不当な決議がされたときは，株主総会決議の取消事由となる。

エ．株主は，株式会社に対し，譲渡の承認をしないときは，株式会社又は株式会社の指定する者（指定買取人）が当該譲渡制限株式を買い取るよう請求することができるが，株式会社又は指定買取人から買取りの通知を受けた後は，通知者の承諾を得ない限り，買取請求を撤回することはできない。

　　1．アイ　　2．アウ　　3．アエ　　4．イウ　　5．イエ　　6．ウエ

　　株主名簿に関する次の記述のうち，正しいものの組合せとして最も適切な番号を
一つ選びなさい。

ア．株券不発行会社の株主名簿上の株主は，株主名簿記載事項を記載した書面の交
　　付又は同事項を記録した電磁的記録の提供を請求することができる。

イ．株券不発行会社（振替株式を除く。）においては，株式取得者の名義書換請求
　　は，原則として，株式取得者が株主名簿上の株主又はその相続人その他の一般承
　　継人と共同してしなければならない。

ウ．最高裁判所の判例によれば，名義書換を不当に拒絶された株式譲受人は，株式
　　会社に対して株主としての権利を行使することができない。

エ．最高裁判所の判例によれば，株式の譲受人が名義書換を失念しているうちに株
　　主割当てによる募集株式の発行があった場合，株式の割当てを受ける権利は譲渡
　　当事者間においても譲受人に帰属する。

　1．アイ　　　2．アウ　　　3．アエ　　　4．イウ　　　5．イエ　　　6．ウエ

Ⅲ
株
式

株主名簿の名義書換に関する次の記述のうち，正しいものの組合せとして最も適切な番号を一つ選びなさい。

ア．株券発行会社においては，株式の譲渡は，株主名簿の名義書換をしなければ，会社のみならず第三者にも対抗することができない。

イ．株券不発行会社においては，株式（振替株式を除く。）の譲渡は，株主名簿の名義書換をしなければ，会社のみならず第三者にも対抗することができない。

ウ．株券発行会社においては，株式取得者の株主名簿の名義書換請求は，株式取得者が株券を提示して単独で行うことができる。

エ．株式振替制度を利用している株式会社においては，株主は，株主名簿の名義書換をしていなければ，会社に対して少数株主権等を行使することができない。

　　1．アイ　　2．アウ　　3．アエ　　4．イウ　　5．イエ　　6．ウエ

## 問題 **14**　株券発行会社

次の記述のうち，株券発行会社の株主名簿の記載事項にも株券の記載事項にも該当しないものの組合せとして最も適切な番号を一つ選びなさい。

ア．株式会社の商号
イ．株主が株式を取得した日
ウ．株券が発行された日
エ．株式会社の成立の日

　1．アイ　　2．アウ　　3．アエ　　4．イウ　　5．イエ　　6．ウエ

株券不所持制度及び株券失効制度に関する次の記述のうち，正しいものの組合せとして最も適切な番号を一つ選びなさい。

ア．株券不所持の申出は，いまだ株券が発行されていない場合にも，すでに株券が発行されている場合にもすることができる。

イ．株券不所持の申出がなされた株式について，後に株主が株券の発行請求をした場合には，その株券の発行費用は，常に株主が負担しなければならない。

ウ．株券発行会社は，株券喪失登録簿を作成し，株券喪失登録の請求がなされたときは，請求に係る株券の番号，株券喪失者の氏名等一定の事項を記載又は記録しなければならない。

エ．株券喪失登録がされている株券に係る株式の株主は，登録抹消日までの間は，株主総会又は種類株主総会において議決権を行使することはできない。

   1．アイ    2．アウ    3．アエ    4．イウ    5．イエ    6．ウエ

　**自己株式①**

　自己株式に関する次の記述のうち，正しいものの組合せとして最も適切な番号を一つ選びなさい。

ア．株式会社が株主との合意により自己株式を有償取得するには，原則として株主総会の決議が必要であり，この決議は定時株主総会においてなされなければならない。

イ．株式会社が適法に自己株式を取得した場合であっても，一定の時期までに自己株式を処分しなければならない。

ウ．株式会社が特定の株主から自己株式を買い受ける場合，原則として，株主総会の決議は特別決議によらなければならず，取得の相手方となる株主の議決権は当該決議において排除される。

エ．株式会社が特定の株主から自己株式を無償で取得する場合には，他の株主に売主追加請求権はない。

　1．アイ　　2．アウ　　3．アエ　　4．イウ　　5．イエ　　6．ウエ

Ⅲ
株
式

# 自己株式②

　自己株式に関する次の記述のうち，正しいものの組合せとして最も適切な番号を一つ選びなさい。

ア．株式会社が株主との合意により自己株式を有償で取得するには，あらかじめ，株主総会の決議によって，取得する株式の種類・数，株式を取得するのと引換えに交付する金銭等の内容及びその総額，株式を取得することができる期間を定めなければならないのが原則であるが，株式会社がその子会社の有する当該株式会社の株式を取得する場合には，取締役（取締役会設置会社にあっては，取締役会）が取得に関する事項を決定できる。

イ．株式会社は，相続により当該株式会社の譲渡制限株式を取得した者に対し，定款の規定や相続人の同意の有無にかかわらず，当該株式を株式会社に売り渡すことを請求することができる。

ウ．単元株制度を採用している株式会社が，株主の請求により単元未満株式を買い取る場合には，自己株式を取得するのと引換えに交付する金銭等の総額が，当該取得行為がその効力を生ずる日における分配可能額を超える場合であったとしても，自己株式を買い取ることができる。

エ．子会社の有する親会社の株式については，子会社は親会社に剰余金の配当を請求することができるが，株式会社はその保有する自己株式については，剰余金の配当を請求することができない。

　　1．アイ　　2．アウ　　3．アエ　　4．イウ　　5．イエ　　6．ウエ

# 子会社による親会社株式の取得

子会社による親会社株式の取得に関する次の記述のうち，正しいものの組合せとして最も適切な番号を一つ選びなさい。

ア．子会社による親会社株式の取得は，親会社の分配可能額の範囲内であれば，認められる。

イ．子会社による親会社の新株予約権の取得については，特に規制は設けられていない。

ウ．子会社が有する親会社株式には，議決権が認められない。

エ．子会社が適法に取得した親会社株式は，期間を定めずに保有することができる。

1．アイ　　2．アウ　　3．アエ　　4．イウ　　5．イエ　　6．ウエ

# 株式の併合①

株式の併合に関する次の記述のうち，正しいものの組合せとして最も適切な番号を一つ選びなさい。

ア．株式の併合をする場合は，その都度，株主総会の特別決議によって，併合の割合や株式の併合が効力を生ずる日を定めなければならない。

イ．株式会社は，1株当たり純資産を5万円以上とする場合に限り，株式の併合をすることができる。

ウ．取締役は，株主から説明を求められなければ，株式の併合をすることを必要とする理由を説明しなくてもよい。

エ．株式会社が株式の併合をすることにより株式の数に1株に満たない端数が生ずるときは，原則として，その端数の合計数(その合計数に1に満たない端数が生ずる場合にあっては，これを切り捨てるものとする。)に相当する数の株式を競売し，かつ，その端数に応じてその競売により得られた代金を株主に交付しなければならない。

1．アイ　　2．アウ　　3．アエ　　4．イウ　　5．イエ　　6．ウエ

## 問題 20 　株式の併合②

　株式の併合に関する次の記述のうち，正しいものの組合せとして最も適切な番号を一つ選びなさい。

ア．公開会社でない株式会社における発行可能株式総数は，株式の併合がその効力を生ずる日における発行済株式の総数の4倍を超えることができない。

イ．株式会社は，株式の併合をすることにより株式の数に1株に満たない端数が生ずる場合には，株式の併合が効力を生ずる日の2週間前までに，株主に対して併合の割合及び株式の併合が効力を生ずる日を通知し，又は公告しなければならない。

ウ．株式の併合が法令又は定款に違反する場合において，株主が不利益を受けるおそれがあるときは，株主は，株式会社に対し，当該株式の併合をやめることを請求することができる。

エ．株式会社が株式の併合をすることにより株式の数に1株に満たない端数が生ずる場合には，反対株主は，当該株式会社に対し，自己の有する株式のうち1株に満たない端数となるものの全部を公正な価格で買い取ることを請求することができる。

　　1．アイ　　2．アウ　　3．アエ　　4．イウ　　5．イエ　　6．ウエ

## 問題 21  単元株式

　単元株式に関する次の記述のうち，正しいものの組合せとして最も適切な番号を一つ選びなさい。

ア．株式の分割と単元株式数の設定とを同時に行い，かつ，その前後で各株主の有する議決権の数が変化しないように単元株式数を定めた場合には，当該単元株式数の設定に係る定款の変更につき株主総会の承認を受ける必要はない。

イ．株式会社は，定款の定めをもって，単元未満株主が単元未満株式について有する株式無償割当てを受ける権利について制限を加えることができる。

ウ．単元未満株主は，定款に定めがない限り，株式会社に対し，自己の有する単元未満株式を買い取ることを請求することはできない。

エ．株券発行会社は，単元未満株式に係る株券を発行しないことができる旨を定款で定めることができる。

　　1．アイ　　2．アウ　　3．アエ　　4．イウ　　5．イエ　　6．ウエ

## 問題 22　募集株式の発行等

公開会社（指名委員会等設置会社を除く。）の募集株式の発行等に関する次の記述のうち，正しいものの組合せとして最も適切な番号を一つ選びなさい。

ア．株主割当以外の方法で募集株式を発行する場合であっても，金融商品取引法に基づいて払込期日又は払込期間初日の2週間前までに有価証券届出書を提出している場合には，募集事項の通知又は公告は不要となる。

イ．著しく不公正な払込金額で株式を引き受けた者は，取締役との通謀がなくとも，払込金額と公正な価額との差額に相当する金額を株式会社に対して支払う義務を負う。

ウ．募集株式の発行の際に現物出資を行うことができるのは，取締役に限られない。

エ．現物出資財産の価額が募集事項として定められた価額に著しく不足する場合，当該募集株式の引受人の募集に関する職務を行った業務執行取締役は，その職務を行うについて注意を怠らなかったことを証明したとしても不足額を株式会社に対して支払う義務を負う。

1．アイ　　2．アウ　　3．アエ　　4．イウ　　5．イエ　　6．ウエ

III 株 式

# 新株発行無効の訴え

　新株発行無効の訴えに関する次の記述のうち，最高裁判所の判例によれば，正しいものの組合せとして最も適切な番号を一つ選びなさい。

ア．公開会社において，代表取締役が取締役会の決議を経ずに新株を発行した場合，新株発行の無効原因になる。

イ．公開会社において，株主総会の特別決議を経ずに，株主以外の者に特に有利な払込金額で新株を発行した場合，新株発行の無効原因になる。

ウ．公開会社において，新株発行差止めの仮処分に違反して新株が発行された場合，新株発行の無効原因になる。

エ．公開会社において，払込期日又は払込期間初日の2週間前までに募集事項を株主に通知又は公告しないで，新株が発行された場合，原則として，新株発行の無効原因となる。

　1．アイ　　2．アウ　　3．アエ　　4．イウ　　5．イエ　　6．ウエ

## 問題 24　新株予約権

新株予約権に関する次の記述のうち，正しいものの組合せとして最も適切な番号を一つ選びなさい。

ア．株券発行会社が新株予約権を発行する場合には，必ず新株予約権証券を発行しなければならない。

イ．新株予約権の譲渡制限は，公開会社では行うことができない。

ウ．新株予約権に譲渡制限がある場合，取締役会設置会社においては，新株予約権の譲渡の承認は取締役会が行い，指名委員会等設置会社では執行役に委任することができない。

エ．新株予約権者がその有する新株予約権を行使することができなくなった場合，当該新株予約権は消滅する。

　1．アイ　　2．アウ　　3．アエ　　4．イウ　　5．イエ　　6．ウエ

　　株式会社の機関に関する次の記述のうち，正しいものの組合せとして最も適切な番号を一つ選びなさい。

ア．公開会社でも大会社でもない株式会社は，監査等委員会設置会社及び指名委員会等設置会社になることができる。

イ．取締役会設置会社（監査等委員会設置会社及び指名委員会等設置会社を除く。）は，必ず監査役を置かなければならない。

ウ．公開会社である大会社（監査等委員会設置会社及び指名委員会等設置会社を除く。）は，必ず取締役会，監査役会及び会計監査人を置かなければならない。

エ．大会社（監査等委員会設置会社及び指名委員会等設置会社を除く。）は，公開会社でなくとも監査役会及び会計監査人を置かなければならない。

　　1．アイ　　2．アウ　　3．アエ　　4．イウ　　5．イエ　　6．ウエ

## 問題 26　機関設計②

　株式会社の機関に関する次の記述のうち，正しいものの組合せとして最も適切な番号を一つ選びなさい。

ア．監査役会設置会社，監査等委員会設置会社及び指名委員会等設置会社は，公開会社でない株式会社であったとしても，常に取締役会を置かなければならない。

イ．監査等委員会設置会社及び指名委員会等設置会社は，定款の定めによっても，会計参与を設置することができない。

ウ．監査等委員会設置会社及び指名委員会等設置会社以外の公開会社でない株式会社は，取締役会設置会社であっても，会計参与を置くことにより，監査役を置かないことができる。

エ．監査等委員会設置会社及び指名委員会等設置会社以外の公開会社でない大会社は，常に会計監査人を置かなければならないが，監査役を置くかどうかは定款で定めるところによる。

　　1．アイ　　　2．アウ　　　3．アエ　　　4．イウ　　　5．イエ　　　6．ウエ

IV
機

関

# 非公開会社の特例

公開会社でない株式会社に関する次の記述のうち，正しいものの組合せとして最も適切な番号を一つ選びなさい。

ア．公開会社でない株式会社の株主総会は，取締役会設置会社であったとしても，招集通知に定めた議題以外についても決議することができる。

イ．公開会社でない株式会社は，指名委員会等設置会社であっても，定款によって，取締役の任期を選任後10年以内に終了する事業年度のうち最終のものに関する定時株主総会の終結の時まで伸長することができる。

ウ．公開会社でない株式会社(監査役会設置会社及び会計監査人設置会社を除く。)では，監査役の監査の範囲を会計に関するものに限定する旨を定款で定めることができる。

エ．監査役を置かない公開会社でない株式会社(取締役会設置会社を除く。)において，取締役は，株式会社に著しい損害を及ぼすおそれのある事実を発見したときは，直ちに株主にこれを報告しなければならない。

1．アイ　　2．アウ　　3．アエ　　4．イウ　　5．イエ　　6．ウエ

# 株主総会①

取締役会設置会社の株主総会に関する次の記述のうち，正しいものの組合せとして最も適切な番号を一つ選びなさい。

ア．定時株主総会は，毎事業年度の終了後一定の時期に招集しなければならないが，定款に別段の定めがない限り，本店で開催する必要はない。

イ．総株主の議決権の100分の1以上の議決権又は300個以上の議決権を6箇月前から引き続き有する株主は，取締役に対し，株主総会の招集を請求することができる。

ウ．株主総会の招集手続は，株主の全員の同意がある場合には，常に省略することができる。

エ．株式会社は，株主総会に係る招集の手続及び決議の方法を調査させるため，当該株主総会に先立ち，裁判所に対し，検査役の選任の申立てをすることができる。

　　1．アイ　　　2．アウ　　　3．アエ　　　4．イウ　　　5．イエ　　　6．ウエ

# 株主総会②

株主総会に関する次の記述のうち，正しいものの組合せとして最も適切な番号を一つ選びなさい。

ア．会社法の規定により株主総会の決議を必要とする事項について，取締役，執行役，取締役会その他の株主総会以外の機関が決定することができることを内容とする定款の定めは，その効力を有しない。

イ．取締役又は株主が，株主総会の目的である事項について提案をした場合において，その事項について議決権を行使することができる株主の全員が，その提案につき書面又は電磁的記録により同意の意思表示をしたときは，その提案を可決する旨の株主総会の決議があったものとみなされる。

ウ．役員を選任し，又は解任する株主総会の決議について，定款で定めれば，定足数の要件を完全に排除することができる。

エ．株主総会の決議について特別の利害関係を有する株主は，たとえ当該決議事項について議決権のある株主であっても，議決権を行使することができない。

  1．アイ　　2．アウ　　3．アエ　　4．イウ　　5．イエ　　6．ウエ

## 議決権

株主の議決権に関する次の記述のうち，正しいものの組合せとして最も適切な番号を一つ選びなさい。

ア．公開会社における株主は，原則として，1株につき1個の議決権を有するが，定款に規定することによって議決権をまったく有しない株式や1株につき複数の議決権を有するような株式を発行することができる。

イ．株主数が1,000人未満の株式会社は，株主総会に出席しない株主に対して，書面によって議決権を行使する機会を与える必要はない。

ウ．株主は代理人によって議決権を行使できるが，議決権行使の代理権の授与は株主総会ごとにしなければならない。

エ．最高裁判所の判例によれば，株主の議決権行使の代理人資格を当該会社の株主に限定する旨の定款の定めは無効である。

　1．アイ　　2．アウ　　3．アエ　　4．イウ　　5．イエ　　6．ウエ

IV
機

関

種類株主総会に関する次の記述のうち，正しいものの組合せとして最も適切な番号を一つ選びなさい。

ア．種類株式発行会社が，株式の種類の追加，株式の内容の変更又は発行可能株式総数・発行可能種類株式総数の増加を内容とする定款変更を行うにあたり，その定款変更がある種類の株式の種類株主に損害を及ぼすおそれがあるときは，株主総会の特別決議に加えて，その種類株式の種類株主を構成員とする種類株主総会（その種類株主に係る株式の種類が2以上ある場合は，株式の種類毎に区分した種類株主総会）の決議を経なければならない。

イ．種類株式発行会社が，ある種類の株式の発行後に定款を変更して，当該種類株式を取得請求権付種類株式に変更しようとする場合には，当該種類株主の全員の同意が必要である。

ウ．清算人会設置会社においては，清算人会において決議すべき事項に関し，当該清算人会の決議のほか，その種類株主総会の決議を要する種類株式を発行することができる。

エ．種類株式発行会社は，ある種類の株式の内容として，当該会社が合併をする場合に，その種類株主総会の決議を要しないとする旨を定款で定めることはできるが，株式交換や株式移転をする場合に，その種類株主総会の決議を要しないとする旨を定款で定めることはできない。

1．アイ　　2．アウ　　3．アエ　　4．イウ　　5．イエ　　6．ウエ

## 問題 32　取締役

取締役に関する次の記述のうち，正しいものの組合せとして最も適切な番号を一つ選びなさい。

ア．法人は，発起人にも，取締役にもなることができない。

イ．定款に定めれば，公開会社においても，取締役の選任を種類株主の拒否権の対象とすることができる。

ウ．公開会社でない株式会社においては，定款で，取締役の任期を終身とすることができる。

エ．株主総会の目的である事項が2人以上の取締役の選任である場合には，定款に別段の定めがあるときを除き，株主は株式会社に対して累積投票によることを請求できる。

1．アイ　　2．アウ　　3．アエ　　4．イウ　　5．イエ　　6．ウエ

IV
機
関

# 取締役会

　監査役会設置会社における取締役会（特別取締役による取締役会の場合を除く。）に関する次の記述のうち，正しいものの組合せとして最も適切な番号を一つ選びなさい。

ア．取締役会の招集通知は，原則として開催日の1週間前までに，各取締役及び各監査役に対してその通知を発しなければならないが，定款でさらに短い期間に短縮することができる。

イ．定款で取締役会の招集権者を定めたときは，その招集権者以外の取締役は取締役会を招集することができない。

ウ．取締役会において，取締役は，取締役の過半数の同意がある場合に限り，代理人によって議決権を行使することができる。

エ．株主は，取締役が当該会社の目的の範囲外の行為その他法令若しくは定款に違反する行為をし，又はこれらの行為をするおそれがあると認めるときでも，取締役会の招集を請求することができない。

　　1．アイ　　2．アウ　　3．アエ　　4．イウ　　5．イエ　　6．ウエ

取締役会設置会社（指名委員会等設置会社を除く。）における取締役会の権限に関する次の記述のうち，正しいものの組合せとして最も適切な番号を一つ選びなさい。

ア．取締役会は，代表取締役の選定及び解職を行う。

イ．株式の併合をする場合には，取締役会の決議によって併合の割合等を定めなければならない。

ウ．取締役会は，取締役の職務の執行が法令及び定款に適合することを確保するための体制その他株式会社の業務並びに当該株式会社及びその子会社から成る企業集団の業務の適正を確保するために必要なものとして法務省令で定める体制の整備を代表取締役に委任することができない。

エ．他の会社の事業の全部の譲受けは，取締役会の決議で行うことができる。

　　1．アイ　　2．アウ　　3．アエ　　4．イウ　　5．イエ　　6．ウエ

Ⅳ
機
関

# 取締役の報酬等

取締役の報酬等（指名委員会等設置会社を除く。）に関する次の記述のうち，正しいものの組合せとして最も適切な番号を一つ選びなさい。

ア．報酬等のうち額が確定しているものについて，その額を定め，又はこれを改定する議案を株主総会に提出した取締役は，当該株主総会において，当該事項を相当とする理由を説明する必要はない。

イ．報酬等のうち当該株式会社の募集株式については，当該募集株式の数（種類株式発行会社にあっては，募集株式の種類及び種類ごとの数）の上限その他法務省令で定める事項は，定款に当該事項を定めていないときは，株主総会の決議によって定める。

ウ．最高裁判所の判例によれば，株主総会決議によって取締役の報酬額が具体的に定められた場合には，その後，株主総会が当該取締役につき無報酬とする決議をしたとしても，当該取締役がこれに同意しない限り，報酬請求権を失うものではない。

エ．公開会社であり，かつ大会社である監査役会設置会社は，取締役の個人別の報酬等の内容が定款又は株主総会の決議により定められていない場合には，取締役会において，取締役の個人別の報酬等の内容についての決定に関する方針として法務省令で定める事項を決定しなければならない。

　　1．アイ　　2．アウ　　3．アエ　　4．イウ　　5．イエ　　6．ウエ

取締役会設置会社における表見代表取締役（会社法354条）に関する次の記述のうち，最高裁判所の判例によれば，正しいものの組合せとして最も適切な番号を一つ選びなさい。

ア．取締役会において代表取締役に選定された取締役が，代表取締役としてその職務を行った場合，その選定決議が無効であったとしても会社法354条が類推適用される。

イ．取締役以外の株式会社の使用人が代表取締役の承認の下に「株式会社を代表する権限を有するものと認められる名称」を使用して取引した場合，会社法354条が類推適用される余地がある。

ウ．表見代表取締役の規定を適用するためには，外観への帰責性が必要であるが，それには明示の許諾が要求され，黙示の許諾では足りない。

エ．表見代表取締役に関する規定は，取引の相手方を特に保護するための規定であるから，第三者は善意であれば足り，重大な過失があったとしても保護される。

1．アイ　　2．アウ　　3．アエ　　4．イウ　　5．イエ　　6．ウエ

Ⅳ
機
関

# 競業取引・利益相反取引

取締役会設置会社における取締役の競業取引及び利益相反取引に関する次の記述のうち，正しいものの組合せとして最も適切な番号を一つ選びなさい。

ア．自己のために会社の事業の部類に属する取引をした取締役は，その取引によって会社に損害が生じたときは，任務を怠ったものと，会社法上，推定される。

イ．最高裁判所の判例によれば，株式会社に対し取締役が無利息，無担保で金銭を貸し付ける行為は，取締役会による承認を必要としない。

ウ．取締役が，取締役会の承認を受けて利益相反取引を行った場合には，それによって取締役会設置会社に損害が生じたときでも，当該取締役会設置会社に対して損害賠償責任を負うことはない。

エ．取締役が，自己のために取締役会設置会社と取引をし，これによって当該取締役会設置会社に損害が生じた場合には，任務を怠ったことが自己の責めに帰することができない事由によるものであることを証明したとしても，当該取締役会設置会社に対する責任を免れることができない。

1．アイ　　2．アウ　　3．アエ　　4．イウ　　5．イエ　　6．ウエ

## 問題 38　監査役

　監査役に関する次の記述のうち，正しいものの組合せとして最も適切な番号を一つ選びなさい。

ア．任期の途中で監査役を解任するためには，正当な理由に基づく解任であることが必要であるし，又，株主総会の特別決議に基づく必要がある。

イ．公開会社でない株式会社が監査役の監査の範囲を会計に関するものに限定する旨の定款の定めを廃止した場合，当該定款変更の効力が生じた時に当該監査役の任期は満了する。

ウ．親会社の取締役は，子会社の監査役になれるが，親会社の監査役は，子会社の取締役になれない。

エ．最高裁判所の判決は，株式会社の顧問弁護士について，顧問弁護士も「使用人」に該当するため，その監査役選任決議は無効としている。

　　1．アイ　　2．アウ　　3．アエ　　4．イウ　　5．イエ　　6．ウエ

## 監査役会

監査役会設置会社に関する次の記述のうち，正しいものの組合せとして最も適切な番号を一つ選びなさい。

ア．監査役会設置会社においては，監査役は，3人以上で，そのうち過半数は，社外監査役でなければならない。

イ．監査役会は，その決議により，監査の方針，会社の業務及び財産の状況の調査の方法その他の監査役の職務の執行に関する事項を定めることができるが，監査役の権限の行使を妨げることはできない。

ウ．代表取締役が監査役選任の議案を株主総会に提出するには監査役会の同意が必要である。

エ．取締役の責任を一部免除する議案を株主総会に提出するには，監査役会の全員一致による決議が必要である。

  1．アイ    2．アウ    3．アエ    4．イウ    5．イエ    6．ウエ

会計監査人に関する次の記述のうち，正しいものの組合せとして最も適切な番号を一つ選びなさい。

ア．監査役設置会社(監査役会設置会社を除く。)においては，株主総会に提出する会計監査人の選任及び解任並びに会計監査人を再任しないことに関する議案の内容は，監査役が(監査役が2人以上ある場合には監査役の過半数をもって)決定する。

イ．会計監査人は，自己の選任，解任若しくは不再任又は辞任について，株主総会に出席して意見を述べることができる。

ウ．会計監査人の報酬等は，定款にその額を定めていないときは，株主総会決議によって定める。

エ．監査役会設置会社において，会計監査人が心身の故障のため，職務の執行に支障がある場合，監査役会は監査役の過半数の決議をもって，その会計監査人を解任することができる。

1．アイ　　2．アウ　　3．アエ　　4．イウ　　5．イエ　　6．ウエ

IV 機関

**監査等委員会設置会社①**

　監査等委員会設置会社における監査等委員に関する次の記述のうち，正しいものの組合せとして最も適切な番号を一つ選びなさい。

ア．監査等委員会設置会社においては，監査等委員である取締役は3人以上で，半数以上は，社外取締役でなければならない。

イ．監査等委員会設置会社の取締役の株主総会における選任は，監査等委員である取締役とそれ以外の取締役とを区別してしなければならない。

ウ．監査等委員である取締役は，監査等委員会設置会社若しくはその子会社の業務執行取締役若しくは支配人その他の使用人又は当該子会社の会計参与(会計参与が法人であるときは，その職務を行うべき社員)若しくは執行役を兼ねることができない。

エ．監査等委員会設置会社における取締役は，いつでも，監査等委員である取締役も含め株主総会の普通決議によって解任することができる。

　　1．アイ　　　2．アウ　　　3．アエ　　　4．イウ　　　5．イエ　　　6．ウエ

**問題 42　監査等委員会設置会社②**

監査等委員会設置会社に関する次の記述のうち，正しいものの組合せとして最も適切な番号を一つ選びなさい。

ア．取締役が，監査等委員である取締役の選任に関する議案を株主総会に提出するには，監査等委員会の同意を得なければならない。

イ．監査等委員会は，取締役に対し，監査等委員である取締役の選任を株主総会の目的とすること又は監査等委員である取締役の選任に関する議案を株主総会に提出することを請求することができる。

ウ．監査等委員以外の取締役の任期は，原則として，選任後2年以内に終了する事業年度のうち最終のものに関する定時株主総会の終結のときまでであるが，定款又は株主総会の決議によって，その任期を短縮することができる。

エ．監査等委員は，株主総会において，監査等委員である取締役以外の取締役の選任若しくは解任又は辞任について監査等委員会の意見を述べることができる。

　　1．アイ　　　2．アウ　　　3．アエ　　　4．イウ　　　5．イエ　　　6．ウエ

Ⅳ

機

関

43

　監査等委員会設置会社に関する次の記述のうち，正しいものの組合せとして最も適切な番号を一つ選びなさい。

ア．監査等委員会設置会社の取締役会は，執行役を選任しなければならない。

イ．監査等委員会設置会社の取締役の過半数が社外取締役である場合には，当該監査等委員会設置会社の取締役会は，その決議によって，重要な業務執行（法定のものを除く。）の決定を取締役に委任することができる。

ウ．監査等委員である各取締役の報酬等について定款の定め又は株主総会の決議がないときは，当該報酬等は，監査等委員である取締役の協議によって定める。

エ．取締役（監査等委員である取締役を除く。）と株式会社との利益相反取引について，監査等委員会が承認した場合でも，当該取引に関する取締役会の承認決議に賛成した取締役は，その任務を怠ったものと推定される。

　　1．アイ　　2．アウ　　3．アエ　　4．イウ　　5．イエ　　6．ウエ

執行役

取締役を兼任していない執行役に関する次の記述のうち，正しいものの組合せとして最も適切な番号を一つ選びなさい。

ア．執行役は，取締役会の要求の有無にかかわらず，取締役会に出席する義務を負っており，必要があると認めるときは，意見を述べなければならない。

イ．指名委員会等設置会社と執行役との利益が相反する取引に関する取締役会の承認の決議に賛成した取締役は，当該取引によって指名委員会等設置会社に損害が生じたときは，その任務を怠ったものと推定される。

ウ．解任された執行役は，その解任について正当な理由がある場合を除き，指名委員会等設置会社に対し，解任によって生じた損害の賠償を請求することができる。

エ．執行役は，自己の職務の執行の状況を取締役会に報告する場合において，代理人(他の執行役に限る。)により当該報告をすることができる。

1．アイ　　2．アウ　　3．アエ　　4．イウ　　5．イエ　　6．ウエ

IV
機
関

# 指名委員会・報酬委員会

　指名委員会等設置会社の指名委員会及び報酬委員会に関する次の記述のうち，正しいものの組合せとして最も適切な番号を一つ選びなさい。

ア．指名委員会は，株主総会に提出する取締役の選任及び解任に関する議案の内容を決定する権限だけでなく，執行役の選任及び解任に関する議案の内容を決定する権限を有している。

イ．指名委員会等設置会社においては，報酬委員会が執行役や取締役が受ける個人別の報酬の内容を決定する。

ウ．報酬委員会は，執行役が指名委員会等設置会社の支配人その他の使用人を兼ねているときは，当該支配人その他の使用人の報酬等の内容についても決定する。

エ．執行役である取締役は，指名委員会及び報酬委員会の構成員にはなることができない。

　　1．アイ　　2．アウ　　3．アエ　　4．イウ　　5．イエ　　6．ウエ

## 問題 46　監査委員会

指名委員会等設置会社の監査委員会に関する次の記述のうち，正しいものの組合せとして最も適切な番号を一つ選びなさい。

ア．監査委員会は，必ず3名以上の社外取締役で構成される必要的機関である。

イ．監査委員は，指名委員会等設置会社の執行役，使用人若しくは会計参与，又は，その子会社の執行役，業務執行取締役，会計参与若しくは支配人その他の使用人を兼ねることができない。

ウ．監査委員会が選定する監査委員は，いつでも，指名委員会等設置会社の業務及び財産の状況を調査することができるが，調査に関する事項について監査委員会の決議があっても，その決議に従う必要はない。

エ．指名委員会等設置会社においては，株主総会に提出する会計監査人の選任の議案の内容の決定権限は，取締役会ではなく，監査委員会にある。

　1．アイ　　　2．アウ　　　3．アエ　　　4．イウ　　　5．イエ　　　6．ウエ

IV
機
関

**問題 47** 債権者の閲覧請求権

　株式会社における債権者の閲覧請求権に関する次の記述のうち，正しいものの組合せとして最も適切な番号を一つ選びなさい。なお，定款，株主総会議事録，計算書類，会計帳簿，新株予約権原簿は，書面をもって作成されているものとする。

ア．債権者は，株式会社の営業時間内は，いつでも，定款及び株主総会議事録の閲覧の請求をすることができる。

イ．債権者は，裁判所の許可を得れば，計算書類の閲覧の請求をすることができる。

ウ．債権者は，会計帳簿の閲覧の請求をすることができない。

エ．債権者は，新株予約権付社債の社債権者である者に限り，新株予約権原簿の閲覧の請求をすることができる。

　　1．アイ　　　2．アウ　　　3．アエ　　　4．イウ　　　5．イエ　　　6．ウエ

株式会社における資本金及び準備金の額に関する次の記述のうち，正しいものの組合せとして最も適切な番号を一つ選びなさい。

ア．株式会社は，その処分する自己株式を引き受ける者の募集をしようとするときは，増加する資本金及び資本準備金に関する事項を定めなければならない。

イ．株式会社が，剰余金の額を減少して，準備金の額を増加するには，株主総会の普通決議によらなければならない。

ウ．株式会社が定時株主総会で資本金の減少額を決定し，かつ，当該減少額が欠損の額として法務省令で定める方法により算定される額を超えない場合，当該資本金の額の減少について債権者異議手続は必要でない。

エ．準備金の額を減少し，その全部を資本金とする場合は，債権者異議手続を要しない。

　　1．アイ　　2．アウ　　3．アエ　　4．イウ　　5．イエ　　6．ウエ

V 計算等

## 問題 49　剰余金の配当

　株式会社における剰余金の配当に関する次の記述のうち，正しいものの組合せとして最も適切な番号を一つ選びなさい。

ア．取締役会設置会社は，定款に定めれば，1事業年度の途中において1回に限り，取締役会の決議によって，配当財産を金銭とする剰余金の配当をすることができる。

イ．株式会社が配当財産を金銭以外の財産とする場合には，常に株主総会の特別決議が必要となる。

ウ．株式会社は，当該会社の株式を配当財産の目的物とすることはできない。

エ．分配可能額を超えて剰余金の配当をした場合に，剰余金の配当の決定に係る株主総会において剰余金の配当に関する事項について説明をしたにすぎない取締役は，株式会社に対し金銭を支払う義務を負わない。

　1．アイ　　2．アウ　　3．アエ　　4．イウ　　5．イエ　　6．ウエ

# 事業の譲渡

　株式会社間における事業の譲渡に関する次の記述のうち，正しいものの組合せとして最も適切な番号を一つ選びなさい。

ア．株式会社が，他の会社の事業の全部を譲り受ける場合のみならず，その一部を譲り受ける場合であっても，株主総会の特別決議が必要である。

イ．最高裁判所の判例によれば，株主総会の特別決議を経ることが必要な事業譲渡であるにもかかわらずこれを経なかった場合には，その効果は原則として無効であるが，取引の安全の見地から，相手方が善意かつ無過失の場合には例外的に有効となる。

ウ．事業の全部の譲渡をする契約の相手方が事業譲渡をする株式会社の特別支配会社である場合には，譲渡会社において株主総会による承認を必要としない。

エ．事業の全部を譲渡する株式会社の反対株主には，原則として株式買取請求権が与えられており，この点は合併における消滅会社の反対株主と同様である。

　1．アイ　　2．アウ　　3．アエ　　4．イウ　　5．イエ　　6．ウエ

持分会社に関する次の記述のうち，正しいものの組合せとして最も適切な番号を一つ選びなさい。

ア．有限責任社員は，定款で定めない限り，会社の業務を執行することができない。

イ．業務を執行する社員を定款で定めた場合において，業務を執行する社員が2人以上あるときは，持分会社は，定款の定めに基づく社員の互選によって，業務を執行する社員の中から持分会社を代表する社員を定めることができる。

ウ．業務を執行する社員は，他の社員の全員の承諾がなければ持分を譲渡することができないが，業務を執行しない有限責任社員は，定款に別段の定めがない限り，他の社員の過半数の同意を得て持分を譲渡することができる。

エ．業務を執行する社員は，自己又は第三者のために持分会社の事業の部類に属する取引をする場合には，定款に別段の定めがない限り，当該社員以外の社員の全員の承認を受けなければならない。

1．アイ　　2．アウ　　3．アエ　　4．イウ　　5．イエ　　6．ウエ

# 持分会社②

　持分会社に関する次の記述のうち，正しいものの組合せとして最も適切な番号を一つ選びなさい。

ア．持分会社は新たに社員を加入させることができるが，この加入の効力は，常に新たな社員の加入に関する定款の変更をした時に生じる。

イ．持分会社の成立後に加入した社員は，その加入前に生じた会社の債務についても弁済する責任を負う。

ウ．持分会社の社員は，やむを得ない事由がある場合，いつでも退社することができる。

エ．持分会社の社員が死亡した場合，その相続人は当該社員の持分を当然に承継する。

　　1．アイ　　2．アウ　　3．アエ　　4．イウ　　5．イエ　　6．ウエ

## 問題 **53**　持分会社③

　持分会社における社員の退社に関する次の記述のうち，正しいものの組合せとして最も適切な番号を一つ選びなさい。

ア．社員の持分を差し押さえた債権者は，事業年度の終了時において当該社員を退社させることができる。

イ．社員が破産手続開始の決定により退社した場合には，持分会社は，当該社員に係る定款の定めを廃止する定款の変更をしなければならない。

ウ．退社した社員は，その登記をする前に生じた持分会社の債務について，従前の責任の範囲内でこれを弁済する責任を負う。

エ．持分払戻額が当該持分の払戻しをする日における剰余金額を超える場合には，債権者は，持分会社に対し，社員の退社に伴う持分の払戻しについて異議を述べることができる。

　　1．アイ　　2．アウ　　3．アエ　　4．イウ　　5．イエ　　6．ウエ

社債に関する次の記述のうち，正しいものの組合せとして最も適切な番号を一つ選びなさい。

ア．公開会社においては，募集社債の総額の決定は，取締役会が行うこととされており，当該決定を代表取締役に委任することは認められない。

イ．会社は，募集社債の払込みを分割払いとすることができる。

ウ．社債権者は，分配可能額がなければ，利息の支払を請求することができない。

エ．社債券を発行するか否かは，すべての社債について同一とする必要があり，募集ごとに異なる扱いをすることはできない。

　　1．アイ　　2．アウ　　3．アエ　　4．イウ　　5．イエ　　6．ウエ

# 社債管理者

社債管理者に関する次の記述のうち，正しいものの組合せとして最も適切な番号を一つ選びなさい。

ア．株式会社は，社債を発行する場合には必ず社債管理者を定めて，社債権者のために，弁済の受領などの社債の管理を行うことを委託しなければならない。

イ．社債管理者は，銀行，信託会社のほか，これらに準ずるものとして法務省令で定める者であればよく，又は，1人でなければならない。

ウ．社債管理者は，社債権者のために公平かつ誠実に社債の管理を行い，社債権者に対し，善良な管理者の注意をもって社債の管理を行わなければならない。

エ．社債権者と社債管理者との利益が相反する場合において，社債権者のために裁判上又は裁判外の行為をする必要があるときは，裁判所は，社債権者集会の申立てにより，特別代理人を選任しなければならない。

　1．アイ　　2．アウ　　3．アエ　　4．イウ　　5．イエ　　6．ウエ

# 社債権者集会

社債権者集会に関する次の記述のうち，正しいものの組合せとして最も適切な番号を一つ選びなさい。

ア．社債権者集会は，各社債権者によって構成されるものであるから，各社債権者は，必要がある場合にはいつでも，自ら社債権者集会を招集することができる。

イ．社債権者集会においては，社債権者は，定款の定めがなくても，書面によって議決権を行使することができる。

ウ．社債権者集会の決議は，裁判所の認可を受けなければその効力を生じないが，裁判所は，決議が社債権者の一般の利益に反するときには社債権者集会の決議の認可をすることができない。

エ．社債権者集会は，社債管理者があるときでも，社債権者集会の決議によってその決議を執行する者を定めなければならない。

　1．アイ　　2．アウ　　3．アエ　　4．イウ　　5．イエ　　6．ウエ

## 問題 **57**　組織変更

　組織変更に関する次の記述のうち，正しいものの組合せとして最も適切な番号を一つ選びなさい。

ア．合資会社から合同会社へと変わることは，会社法にいう組織変更ではない。

イ．組織変更をする株式会社は，債権者異議手続をとらなければならない。

ウ．株式会社が組織変更をする場合，反対株主は，株式会社に対して，自己の有する株式を公正な価格で買い取ることを請求することができる。

エ．組織変更の効力発生日は，組織変更によって成立する会社がその本店の所在地において設立の登記をした日である。

　　1．アイ　　2．アウ　　3．アエ　　4．イウ　　5．イエ　　6．ウエ

問題 **58**    合併

　合併に関する次の記述のうち，正しいものの組合せとして最も適切な番号を一つ選びなさい。

ア．株式会社は合名会社との間で，合名会社を存続会社とする吸収合併を行うことができる。

イ．吸収合併の効力は，吸収合併の登記の日にその効力を生じる。

ウ．新設合併の効力は，合併契約に定められた日にその効力を生じる。

エ．吸収合併により消滅する株式会社が種類株式発行会社でない公開会社であり，かつ，当該株式会社の株主に対して交付する金銭等の全部が譲渡制限株式である場合，吸収合併契約を承認する吸収合併消滅会社の株主総会の決議は特別決議では足りない。

　　1．アイ　　2．アウ　　3．アエ　　4．イウ　　5．イエ　　6．ウエ

## 問題 59　会社分割

株式会社（種類株式発行会社を除く。）間で吸収分割を行う場合における吸収分割契約の承認に関する次の記述のうち，正しいものの組合せとして最も適切な番号を一つ選びなさい。なお，本問の会社の定款には，会社法の規定と異なる特別の規定はないものとする。

ア．吸収分割承継会社が吸収分割会社の特別支配会社である場合には，吸収分割会社における株主総会の決議による承認は不要である。

イ．吸収分割会社が吸収分割承継会社の特別支配会社である場合には，吸収分割承継会社における株主総会の決議による承認は常に不要である。

ウ．吸収分割により吸収分割承継会社に承継させる資産の帳簿価額の合計額が吸収分割会社の総資産額として法務省令で定める方法により算定される額の5分の1を超えない場合には，吸収分割会社における株主総会の決議による承認は不要である。

エ．吸収分割会社に対して交付する吸収分割の対価の合計額が吸収分割承継会社の純資産額として法務省令で定める方法により算定される額の5分の1を超えない場合には，吸収分割承継会社における株主総会の決議による承認は常に不要である。

　　1．アイ　　2．アウ　　3．アエ　　4．イウ　　5．イエ　　6．ウエ

## 問題 **60**　株式交換

　　株式交換に関する次の記述のうち，正しいものの組合せとして最も適切な番号を一つ選びなさい。

ア．株式交換の効力発生日は，株式交換契約において定める必要はない。

イ．株式交換の対価が株式交換完全親株式会社の株式のみである場合，株式交換完全親株式会社は，債権者異議手続を行う必要はない。

ウ．株式交換完全子会社のすべての債権者は，株式交換完全子会社に対し，株式交換について異議を述べることができる。

エ．株式交換完全親株式会社の新株予約権者は，株式交換完全親株式会社に対して，自己の有する新株予約権を公正な価格で買い取ることを請求することができない。

　1．アイ　　2．アウ　　3．アエ　　4．イウ　　5．イエ　　6．ウエ

# 外国会社

外国会社に関する次の記述のうち，正しいものの組合せとして最も適切な番号を一つ選びなさい。

ア．外国会社は，日本において取引を継続してしようとするときは，営業所を設置し，その所在地において，外国会社の登記をしなければならない。

イ．外国会社は，外国会社の登記をするまでは，日本において取引を継続してすることができない。

ウ．外国会社の日本における代表者は，当該外国会社の日本における業務に関する一切の裁判上又は裁判外の行為をする権限を有する。

エ．外国会社の日本における代表者のうち1人以上は，日本に住所を有する日本人でなければならない。

　1．アイ　　2．アウ　　3．アエ　　4．イウ　　5．イエ　　6．ウエ

特例有限会社に関する次の記述のうち，正しいものの組合せとして最も適切な番号を一つ選びなさい。

ア．特例有限会社は，定款の定めによって，会計参与，監査役及び会計監査人を置くことができる。

イ．特例有限会社は，定款の定めによって，取締役の任期を選任後20年以内に終了する事業年度のうち最終のものに関する定時株主総会の終結の時までとすることができる。

ウ．特例有限会社は，定時株主総会の終結後に貸借対照表を公告しなくてもよい。

エ．特例有限会社は，株主総会において，総株主の半数以上であって，当該株主の議決権の4分の3以上の多数による賛成を得れば，公開会社となることができる。

　1．アイ　　2．アウ　　3．アエ　　4．イウ　　5．イエ　　6．ウエ

X
外国会社・
特例有限会社

次の会社の組織に関する訴えのうち，債権者が提訴権者となり得るものの組合せとして最も適切な番号を一つ選びなさい。

ア．持分会社の設立の取消しの訴え
イ．新株発行の無効の訴え
ウ．株式交換の無効の訴え
エ．株主総会の決議の取消しの訴え

　1．アイ　　2．アウ　　3．アエ　　4．イウ　　5．イエ　　6．ウエ

## 問題 **64**　　商人

　個人商人に関する次の記述のうち，正しいものの組合せとして最も適切な番号を一つ選びなさい。

ア．鉱業を営む者は，商行為を行うことを業としない者であっても，商人とみなされる。

イ．個人商人が営業を廃止する場合に行う商号の譲渡は，登記をしなくても，第三者に対抗することができる。

ウ．小商人は，その商号を登記することができない。

エ．個人商人が雇主として締結する雇用契約は，その営業のためにするものとみなされる。

　　1．アイ　　2．アウ　　3．アエ　　4．イウ　　5．イエ　　6．ウエ

　次の記述のうち，支配人が商人（個人商人に限る。）の許可を受けなくても行うことができるものの組合せとして最も適切な番号を一つ選びなさい。

ア．商人の営業と異なる種類の営業を行うこと
イ．自己のために商人の営業と異なる種類の取引をすること
ウ．第三者のために商人の営業と異なる種類の取引をすること
エ．商人の営業と異なる種類の営業を行う他の商人の使用人となること

　　1．アイ　　　2．アウ　　　3．アエ　　　4．イウ　　　5．イエ　　　6．ウエ

支配人・商業登記

　支配人とその登記に関する次の記述のうち，正しいものの組合せとして最も適切な番号を一つ選びなさい。

ア．会社が支配人を解任したにもかかわらずその旨の登記をしていない場合，解任を知らなかった第三者との関係では，当該会社は，解任の事実を対抗することができない。

イ．会社が支配人を解任し，その旨の登記をした後は，第三者が正当な事由によってその登記があることを知らなかったときでない限り，当該会社は善意の第三者に対しても解任を対抗することができる。

ウ．会社が支店の使用人であって支配人でないものに支配人の肩書を付与したとしても，当該会社がその者について支配人に選任した旨の登記をしない限りは，当該使用人が表見支配人に当たることはない。

エ．会社が支配人を選任したが，その旨の登記をしていない場合において，その支配人が当該会社のために第三者と契約を締結したときは，当該第三者は，会社に対して契約が有効であることを主張することができない。

　　1．アイ　　2．アウ　　3．アエ　　4．イウ　　5．イエ　　6．ウエ

　　会社の代理商に関する次の記述のうち，正しいものの組合せとして最も適切な番号を一つ選びなさい。

ア．代理商は，会社の支配人と同様に会社の使用人である。

イ．代理商は，会社の許可がなくても，会社の事業と同種の事業を行う他の会社の取締役となることができる。

ウ．代理商は，取引の代理又は媒介を行ったときは，遅滞なく会社に対してその旨の通知を発しなければならない。

エ．代理商は，当事者が別段の意思表示をした場合を除き，自己の有する報酬請求権の弁済を確保するため，会社のために当該代理商が占有する物又は有価証券について留置権を有する。

　　1．アイ　　　2．アウ　　　3．アエ　　　4．イウ　　　5．イエ　　　6．ウエ

　　　商法上の各種営業

　商法上の各種営業に関する次の記述のうち，正しいものの組合せとして最も適切な番号を一つ選びなさい。

ア．問屋が物品の販売又は買入れの委託を受けたときは，常に自ら買主又は売主となることができる。

イ．問屋が委託者のために売買を行ったときは，遅滞なく委託者にその通知を発しなければならない。

ウ．代理商は，商人の許可がなければ，自己又は第三者のために商人の営業の部類に属する取引をなすことができない。

エ．商事仲立人は，他人間の契約の成立に尽力すれば，契約が成立しなくても媒介の委託をなした者に報酬を請求することができる。

　1．アイ　　2．アウ　　3．アエ　　4．イウ　　5．イエ　　6．ウエ

## 物品運送

物品運送に関する次の記述のうち，正しいものの組合せとして最も適切な番号を一つ選びなさい。

ア．荷送人は，運送品が引火性，爆発性その他の危険性を有するものであるときは，その引渡しの前に，運送人に対し，その旨及び当該運送品の品名，性質その他の当該運送品の安全な運送に必要な情報を通知しなければならない。

イ．運送賃は，物品運送契約の締結と同時に，支払わなければならない。

ウ．貨幣，有価証券その他の高価品については，物品運送契約の締結の当時，運送品が高価品であることを運送人が知っていたときでも，荷送人が運送を委託するに当たりその種類及び価額を通知した場合を除き，運送人は，その滅失，損傷又は延着について損害賠償の責任を負わない。

エ．荷受人は，運送品を受け取ったときは，運送人に対し，運送賃等を支払う義務を負う。

1．アイ　　2．アウ　　3．アエ　　4．イウ　　5．イエ　　6．ウエ

## 問題 **70**　場屋営業

　場屋営業に関する次の記述のうち，正しいものの組合せとして最も適切な番号を一つ選びなさい。

ア．場屋営業者は，客から寄託を受けた物品の滅失又は損傷については，注意を怠らなかったことを証明すれば，損害賠償の責任を免れることができる。

イ．貨幣，有価証券その他の高価品については，客がその種類及び価額を通知してこれを場屋営業者に寄託した場合を除き，場屋営業者は，その滅失又は損傷によって生じた損害を賠償する責任を負わない。

ウ．客が寄託していない物品であっても，場屋の中に携帯した物品が，場屋営業者が注意を怠ったことによって滅失し，又は損傷したときは，場屋営業者は，損害賠償の責任を負う。

エ．客が場屋の中に携帯した物品につき責任を負わない旨を表示したときには，場屋営業者は，損害賠償の責任を免れることができる。

　　1．アイ　　　2．アウ　　　3．アエ　　　4．イウ　　　5．イエ　　　6．ウエ

XII
総則・
商行為

71

# 直接開示・間接開示

　金融商品取引法に基づく開示書類に関する次の開示書類のうち，直接開示されるものの組合せとして最も適切な番号を一つ選びなさい。

ア．有価証券届出書
イ．有価証券報告書
ウ．目論見書
エ．公開買付説明書

　1．アイ　　2．アウ　　3．アエ　　4．イウ　　5．イエ　　6．ウエ

　金融商品取引法における発行開示に関する次の記述のうち，正しいものの組合せとして最も適切な番号を一つ選びなさい。

ア．非上場会社が社債券を発行する場合には，内閣総理大臣に対し，有価証券届出書を提出する義務はない。

イ．有価証券届出書の訂正届出書は，内閣総理大臣の訂正命令を受ける前でも提出することができる。

ウ．上場会社の発行する株式を証券会社が一括して引き受けた場合には，当該会社は有価証券届出書を提出する義務はない。

エ．組織再編成に伴い有価証券が発行される場合には，有価証券届出書の提出義務が課されることがある。

　1．アイ　　2．アウ　　3．アエ　　4．イウ　　5．イエ　　6．ウエ

流通開示に関する次の記述のうち，正しいものの組合せとして最も適切な番号を一つ選びなさい。

ア．有価証券の募集又は売出しに関する事項は，有価証券報告書の記載事項である。

イ．金融商品取引所に上場されている特定上場有価証券の発行者である会社は，有価証券報告書を提出する義務を負わない。

ウ．金融商品取引所に株式を上場している会社の親会社が株式を上場していない場合において，親会社等状況報告書の提出義務を負うのは，親会社である。

エ．有価証券報告書を提出しなければならない会社の社外取締役又は社外監査役が辞任した場合には，当該会社は臨時報告書を提出しなければならない。

1．アイ　　2．アウ　　3．アエ　　4．イウ　　5．イエ　　6．ウエ

# 公開買付け①

次の記述のうち，公開買付けによる必要がない場合の組合せとして最も適切な番号を一つ選びなさい。

ア．金融商品取引所の上場株式を市場内外等の取引を組み合わせて買い付けるとき。

イ．金融商品取引所の上場社債を市場内の立会外取引において買い付けるとき。

ウ．金融商品取引所の上場株式を無償取得するとき。

エ．公開買付けの実施中に競合して同種の上場株式を市場内で買い付けるとき。

1．アイ　　2．アウ　　3．アエ　　4．イウ　　5．イエ　　6．ウエ

# 公開買付け②

発行者以外の者による公開買付け（特定有価証券を除く。）に関する次の記述のうち，正しいものの組合せとして最も適切な番号を一つ選びなさい。

ア．公開買付者は，公開買付期間中は，原則として，公開買付けによらないで公開買付けに係る株券等の買付け等をしてはならない。

イ．公開買付けの対象会社の役員は，株主が公開買付けに応じるべきか否かを判断する情報の一環として，公開買付けに関する意見を公表する義務がある。

ウ．公開買付けの対象となる会社は，株券等について有価証券報告書の提出義務のある会社に限られない。

エ．公開買付けを行う者は，公開買付けをした日に公開買付届出書を内閣総理大臣に提出した後，一定の期間として政令で定められた期間を経過するまでは，たとえ公開買付説明書を交付した場合であっても，応募株主と買付契約を締結することはできない。

1．アイ　　2．アウ　　3．アエ　　4．イウ　　5．イエ　　6．ウエ

# 大量保有報告制度

大量保有報告制度に関する次の記述のうち，正しいものの組合せとして最も適切な番号を一つ選びなさい。

ア．新株予約権付社債券は大量保有報告制度の適用対象となるが，国債証券や抵当証券はその適用対象とならない。

イ．親子会社でそれぞれ100分の3ずつ同一の上場株式を取得した場合には，親会社には大量保有報告書の提出義務が課されるが，子会社には大量保有報告書の提出義務が課されない。

ウ．大量保有報告書の縦覧書類に記載された取得資金が，銀行からの借入れによる場合には，当該銀行の名称は公衆の縦覧に供される。

エ．特例報告制度を利用していた者が，重要提案行為を行うことを目的として，大量保有報告制度の適用対象となる有価証券の大量保有者になった場合は，その日から5営業日以内に大量保有報告書を内閣総理大臣に提出しなければならない。

1．アイ　　2．アウ　　3．アエ　　4．イウ　　5．イエ　　6．ウエ

# 開示規制の違反と責任

　開示書類に虚偽の記載がある場合の金融商品取引法上の損害賠償責任に関する次の記述のうち，正しいものの組合せとして最も適切な番号を一つ選びなさい。

ア．有価証券届出書の届出者は，虚偽記載について故意又は過失がなかったことを証明すれば，募集又は売出しに応じて有価証券を取得した者に対する損害賠償責任を負わない。

イ．有価証券届出書中の重要な事項について虚偽の記載があった場合，当該届出書に係る財務書類について虚偽の記載がないものとして監査証明をした公認会計士は，故意又は過失がないことを証明した場合であっても，募集又は売出しに応じて有価証券を取得した者に対し損害賠償責任を負う。

ウ．重要な事項につき虚偽の記載のある有価証券報告書の提出者は，当該有価証券報告書が公衆の縦覧に供されている間に，当該記載が虚偽であることを知らずに流通市場において有価証券を取得して損害を被った者に対して，故意又は過失がないことを証明した場合には，賠償責任を負わない。

エ．有価証券報告書の提出者が負担する賠償責任については，賠償額の限度が法定されている。

　　1．アイ　　2．アウ　　3．アエ　　4．イウ　　5．イエ　　6．ウエ

# 解答・解説編

Certified Public Accountant

**本問のポイント**　会社法総論

## ▼解　説▼

ア．**誤　り**。旧商法では，会社が他の会社の無限責任社員になることが禁止されていた（旧商法55条）が，合理的理由がないとして，会社法によりこの禁止は撤廃された（598条参照）。法人（会社）が業務を執行する社員である場合には，当該法人は，当該業務を執行する社員の職務を行うべき者（＝自然人）を選任し，その者の氏名および住所を他の社員に通知しなければならない（598条1項）。

イ．**正しい**。最大判昭45.6.24（八幡製鉄事件判決）は，「会社は定款所定の目的の範囲内において能力を有するが，目的の範囲内の行為とは，定款に明示された目的自体に限られるものではなく，その目的の遂行に直接または間接に必要な行為もこれに包含される。そして，必要かどうかは当該行為が目的遂行上現実に必要であったかどうかによってではなく，行為の客観的な性質に即し，抽象的に判断しなければならない」としている。

ウ．**誤　り**。公開会社とは，株式全部に譲渡制限がないか，または株式の一部に譲渡制限がない株式会社をいう（2条5号）。したがって，2条5号の反対解釈として，公開会社でない会社（＝非公開会社）とは，その発行する株式全部に譲渡制限がある株式会社をいう。

エ．**正しい**。解散後清算手続中の会社（清算会社）の権利能力は，清算の目的の範囲内に制限される（476条，645条）。そのため，清算会社は，営利事業を営むことはできないが，清算会社の権利能力は「清算の目的の範囲内において，清算が結了するまではなお存続する」ものとみなされるので（476条，645条），清算の目的のために行う商品の売却や仕入れ等をすることができる。

以上より，正しいものはイとエであることから，正解は5となる。

**問題 2**　　　　　　　　　　　　　　　　　　　　　　　　正解 **3**

**本問のポイント**　株式会社の設立

**▼解　説▼**

ア．**正しい**。発起人の人数について，平成2年商法改正前は7人以上必要とする規定があったが，それが削除され，現在では1人でもよいので，前段は正しい。また，発起人の資格に制限はなく（cf. 取締役の資格に関する331条1項のような規定がない），行為能力のない者や法人でもよいので，後段も正しい。

イ．**誤　り**。募集設立においても，発起人は，株式会社の設立に際し，設立時発行株式を1株以上引き受けなければならない（25条1項2号2項）。発起人に責任を持って設立事務を遂行させる趣旨である。

ウ．**誤　り**。設立時に発行される株式の引受けに関する意思表示に関しては，心裡留保に関する民法93条ただし書および虚偽表示に関する民法94条1項の規定は適用されない（51条1項）。また，会社の成立後は，発起人は，錯誤，詐欺または強迫を理由に引受けを取り消すことも認められていない（51条2項）。1人の株式引受人の意思の瑕疵によって，多数の他の者の利益を害する結果となるおそれがあるからである。なお，設立時募集株式の引受人については，102条5項6項参照。

エ．**正しい**。発起人は，出資の履行をすることにより設立時発行株式の株主となる権利を譲渡しても，当該譲渡を成立後の株式会社に対抗することはできない（35条）。会社との関係で当該譲渡の効力を認めてしまうと，設立手続が煩雑になるおそれがあるからである。同様の趣旨から，出資履行後の権利（会社成立後に株主となる50条1項の権利）の譲渡も会社に対抗することはできない（50条2項）。

以上より，正しいものはアとエであることから，正解は3となる。

I
総
則

II
設
立

**問題 3**　　　　　　　　　　　　　　　　　　　　　　　正解　**6**

| 本問のポイント | 変態設立事項 |

**▼解　説▼**

ア．**誤 り**。定款に現物出資に関する定めがある場合には，会社は，原則として，検査役の調査を受けなければならない(33条1項2号4項)。そして，調査の結果，裁判所がその内容を不当と判断したときは，裁判所が自ら定款の変更を行う(33条7項)。発起人に命じて変更させるのではない。この場合，裁判所による定款変更に不服のある発起人には，設立時発行株式の引受けに係る意思表示の取消しが認められている(33条8項)。

イ．**誤 り**。財産引受けは，原始定款に記載・記録しなければ，その効力を生じない(28条2号)。財産引受けは，現物出資と同様に目的財産の過大な評価により会社の財産的基礎を危うくし，かつ，現物出資に関する規制を潜脱する手段として用いられる可能性があることから，変態設立事項とされている。判例は，このような趣旨を重視して，定款に記載・記録のない財産引受けは絶対的に無効であり，成立後の会社が追認することもできないとしている(最判昭28.12.3，最判昭61.9.11)。

ウ．**正しい**。株式会社の負担する設立に関する費用は，定款に記載・記録しなければ，その効力を生じない(28条4号)。会社の設立のために必要な費用(ex.設立事務所の賃料，設立事務員の給与，定款の印刷費，創立総会招集の費用)は，本来成立後の会社が負担すべきものであるが，無制限な支出を許すと会社の財産的基礎が害される。そのため変態設立事項とされ，設立費用を定款に記載・記録し，検査役の調査を通った金額の範囲内で，会社の負担とすることにしたのである(33条7項)。しかし，定款の認証の手数料その他株式会社に損害を与えるおそれがないものとして法務省令(施行規則5条)で定めるものは規制対象外である(28条4号かっこ書)。算定に客観性があり，濫用のおそれがないので，定款に記載・記録がなくとも当然に成立後の会社の負担となる。施行規則5条は，定款に係る印紙税，払込取扱銀行等に支払う手数料・報酬，裁判所が決定した検査役の報酬，設立登記の登録免許税を挙げている。したがって，銀行等の払込取扱機関に支払う手数料・報酬は，原始定款に記載・記録がなくとも，成立後の会社の負担となる(28条4号かっこ書，施行規則5条2号)。

エ．**正しい**。発起人については金銭以外の給付をなすことも予定されているが(34条1項)，発起人以外の引受人(設立時募集株式の引受人)については金銭の払込みを行うことしか規定されておらず，設立時の現物出資は発起人しか行えないものと解されている。これは，現物出資は目的物の過大評価のおそれがある危険な行為なので，現物出資者を発起人に限定し，現実の価額が定款所定の価額に著しく不足する場合に一種の担保責任として重い無過失責任(52条2項柱書かっこ書)を負わせるためである。

以上より，正しいものはウとエであることから，正解は6となる。

**本問のポイント**　設立に関する責任

▼**解　説**▼

ア．**正しい**。現物出資(28条1号)・財産引受け(28条2号)の目的となった財産(＝現物出資財産等。33条10項1号かっこ書)について，会社成立当時の実価が定款で定めた価額に著しく不足する場合には，発起人および設立時取締役は連帯してその不足額を支払う義務を負う(不足額てん補責任。52条1項，54条)。不足額てん補責任の立法趣旨は，株式の引受人間の公平を図るという点にあるが，会社財産の確保という観点もある。

イ．**誤　り**。103条1項は52条2項1号の適用を認めており，検査役の調査を経た場合には，免責が認められる。ただし，募集設立においては，注意を怠らなかったこと(無過失)を証明したことによる免責を認めておらず，無過失責任である(103条1項)。広く株式引受人を募集する募集設立においては，他の出資者との公平確保が要請されるからである。

ウ．**正しい**。株式会社が成立しなかった(＝会社不成立)ときとは，設立手続が設立登記に至る前に中途で挫折し，会社が法律上も事実上も存在するに至らなかった場合をいう。この場合，①発起人は，会社の設立に関してなした行為について連帯して責任を負い，②会社の設立に関して支出した費用は発起人の負担となる(56条)。

エ．**誤　り**。現物出資・財産引受けの証明をした弁護士(33条10項3号)も，不足額てん補責任を負う(52条3項)。ただし，同人が証明をなすにつき注意を怠らなかったことを証明すれば，責任を免れる(52条3項ただし書)。

以上より，正しいものはアとウであることから，正解は2となる。

**本問のポイント** 　募集設立

**▼解　説▼**

ア．**正しい。**定款に変態設立事項についての記載・記録がないときは，発起人は，設立時発行株式の引受け後遅滞なく，その引き受けた設立時発行株式につき，その出資に係る金銭の全額を払い込まなければならない(34条1項本文)。また，設立時募集株式の引受人は，58条1項3号の期日または同号の期間内(発起人が定めた払込期日または払込期間内)に，発起人が定めた銀行等の払込みの取扱いの場所において，それぞれの設立時募集株式の払込金額の全額の払込みを行わなければならない(63条1項)。

イ．**正しい。**発起人は，定款に変態設立事項についての記載・記録があるときは，原則として公証人の認証の後遅滞なく，当該事項を調査させるため，裁判所に対し，検査役の選任の申立てをしなければならない(28条各号・33条1項)。

ウ．**誤り。**公証人の認証を受けた定款は，株式会社の成立前には，33条7項9項，37条1項2項の規定による場合を除いて，原則としてこれを変更することができない(30条2項)。もっとも，30条2項の規定にかかわらず，創立総会においては，その決議によって，定款の変態設立事項を変更することができる(96条)。なお，旧商法下での判例は，創立総会での変態設立事項の変更は，縮小・削除できるだけで，定款規定の追加・拡大はできないとする(最判昭41.12.23)。

エ．**誤り。**設立しようとする会社が種類株式発行会社である場合において，ある種類の株式の内容について，株式会社が一定の事由が生じたことを条件として当該株式を取得することができる(取得条項付種類株式，108条1項6号)との定款の定めを設けようとするときは，その種類の設立時発行株式の設立時種類株主を構成員とする種類創立総会の決議(100条，101条参照)でなく，その種類の設立時発行株式の設立時種類株主全員の同意を得なければならない(99条1号)。なお，110条，111条1項参照。

以上より，正しいものはアとイであることから，正解は1となる。

**本問のポイント**　　出資の履行を仮装した場合の責任等

**▼解　説▼**

ア．**正しい**。出資の履行が仮装された場合の責任について，平成26年改正により新たな規定が設けられた。発起人が金銭の払込みを仮装した場合には，払込みを仮装した出資に係る金銭の全額の支払義務を負う(52条の２第１項１号)。現物給付を仮装した場合には，給付を仮装した出資に係る金銭以外の財産の全部の給付(株式会社が当該給付に代えて当該財産の価額に相当する金銭の支払を請求した場合にあっては，当該金銭の全額の支払)義務を負う(52条の２第１項２号)。なお，払込みを仮装した設立時募集株式の引受人の責任について，102条の２第１項同旨。

イ．**誤 り**。発起人が出資に係る金銭の払込みを仮装した場合，払込みを仮装することに関与した発起人または設立時取締役として法務省令で定める者は，成立後の株式会社に対し，払込みを仮装した発起人と連帯して同じ支払義務を負う(52条の２第２項本文３項)。ただし，その者(払込みを仮装したものを除く)がその職務を行うについて注意を怠らなかったことを証明した場合は，この限りでない(52条の２第２項ただし書)。なお，募集設立の場合に払込みの仮装に関与した発起人等の責任について，103条２項同旨。

ウ．**誤 り**。出資に係る金銭の払込みを仮装した設立時発行株式の引受人の責任は，総株主の同意があれば，免除することができる(55条)。募集設立の場合の責任免除につき，102条の２第２項，103条３項同旨。

エ．**正しい**。出資に係る金銭の払込みを仮装した発起人が，払込みを仮装した出資に係る金銭の全額の支払義務を負う場合には，当該支払がされた後でなければ，払込みを仮装した設立時発行株式について，設立時株主および株主の権利を行使することができない(52条の２第４項)。しかし，取引の安全のため，設立時発行株式またはその株主となる権利を譲り受けた者は，当該設立時発行株式についての設立時株主および株主の権利を行使することができる(52条の２第５項本文)。ただし，その者に悪意・重過失があるときは，この限りでない(52条の２第５項ただし書)。なお，払込みを仮装した設立時募集株式の引受人から設立時発行株式またはその株主となる権利を譲り受けた場合について，102条４項同旨。

以上より，正しいものはアとエであることから，正解は３となる。

II
設
立

**本問のポイント** 設立の瑕疵

**▼解　説▼**

ア．**誤　り**。会社が設立登記によって有効に成立したかのような外観が生ずると，それを前提に多数の法律関係が形成されるから，設立の瑕疵に関する解決を一般原則に委ねたのでは，法律関係が混乱し，法的安定性を著しく害する。そこで，会社法は，設立の無効の訴えという制度を設け，会社の設立の無効は，訴えによってのみ主張することができるものとしている(828条1項1号)。設立の無効の訴えを提起することができる者は828条2項1号によって限定されており，誰もが訴えを提起できるわけではない。

イ．**正しい**。株式会社の設立の無効の訴えの提訴期間は2年である(828条1項1号)。

ウ．**誤　り**。設立の取消しの訴えの制度は，持分会社についてのみ認められる(832条)。株式会社では，仮に特定の社員の設立行為が取り消されても，設立に際して出資される財産の価額またはその最低額(27条4号)に相当する財産が確保されればよい。株式会社で問題となるのは，客観的無効原因(会社法が要求する準則に合致しない場合)だけである。

エ．**正しい**。会社の設立を無効とする判決が確定した場合は，設立行為は将来に向かって効力を失う(839条)。会社は，解散の場合に準じて将来に向かって清算を行うことになる(475条2号)。無効の効果を遡及させないのは，会社が存在し，活動していたという外観を尊重し，すでに生じた法律関係に影響を及ぼさないようにするためである。

　以上より，正しいものはイとエであることから，正解は5となる。

| 本問のポイント | 種類株式 |

**▼解　説▼**

ア．**正しい**。指名委員会等設置会社および公開会社は，当該種類の株式の種類株主を構成員とする種類株主総会において取締役または監査役を選任する株式(108条1項9号)を発行することができない(108条1項柱書ただし書)。

イ．**正しい**。種類株式発行会社が公開会社である場合において，議決権制限株式の数が発行済株式の総数の2分の1を超えるに至ったときは，株式会社は，直ちに，議決権制限株式の数を発行済株式の総数の2分の1以下にするための必要な措置をとらなければならない(115条)。115条は公開会社のみを制限しているが，非公開会社においては，そもそも譲渡制限によって好ましくないと考えられる者が株主となることが阻止されており，株式の取得を認めた上で議決権を制限することについても規制を加える必要性は乏しいし，また，ジョイント・ベンチャー等の形成にあたって柔軟な種類株式の発行を認める必要性があると考えられたからである。

ウ．**誤　り**。指名委員会等設置会社および公開会社は，当該種類の株式の種類株主を構成員とする種類株主総会において取締役または監査役を選任する株式(108条1項9号)を発行することができない(108条1項柱書ただし書)。しかし，拒否権付種類株式(108条1項8号)についてはこのような制限規定は設けられていない。したがって，指名委員会等設置会社も公開会社も，拒否権付種類株式を発行することは可能である。

エ．**誤　り**。指名委員会等設置会社および公開会社は，当該種類の株式の種類株主を構成員とする種類株主総会において取締役または監査役を選任する株式(108条1項9号)を発行することができない(108条1項柱書ただし書)。しかし，議決権制限種類株式についてはこのような制限規定は設けられていない。したがって，公開会社も非公開会社も，取締役または監査役の選任について議決権を行使することのできない株式を発行することは可能である。

以上より，正しいものはアとイであることから，正解は1となる。

Ⅲ
株
式

問題 **9** 　　　　　　　　　　　　　　　　　正解 **4**

**本問のポイント**　　種類株式

**▼解　説▼**

ア．**誤り**。種類株式発行会社が既発行の種類株式を譲渡制限種類株式にする定款
変更を行う場合には，通常の定款変更手続のほか，原則として，①譲渡制限が付
される種類株式の種類株主，②①の種類株式を交付される可能性のある取得請求
権付種類株式の種類株主，③①の種類株式を交付される可能性のある取得条項付
種類株式の種類株主を構成員とする各種類株主総会の決議が必要となる(111条2
項本文,324条3項1号)。そして，これに反対する株主は，会社に対し，自己の
有する株式を公正な価格で買い取ることを請求できるとされているので(116条1
項2号)，譲渡制限が付される当該種類株式の種類株主のみが株式買取請求権を
行使できるとする本記述は誤っている。

イ．**正しい**。種類株式発行会社が既発行の種類株式を取得条項付種類株式にする定
款変更を行う場合には，定款変更手続(466条,309条2項11号)の特則として，当
該種類株式を有する種類株主全員の同意を得なければならない(111条1項)。既
発行の種類株式を全部取得条項付種類株式にする定款変更を行う場合には，株主
総会の特別決議による定款変更決議(466条,309条2項11号)と既発行の種類株式
の種類株主による種類株主総会の特別決議(111条2項1号,324条2項1号)で足
り，当該種類株式を有する種類株主全員の同意を得る必要はない。取得条項付種
類株式と全部取得条項付種類株式とで扱いが異なるのは，全部取得条項付種類株
式の場合には，取得の際に株主総会決議を要し(171条1項,309条2項3号)，か
つ，定款変更時および取得時において株式買取請求権があるのに対し(116条1項
2号,172条)，取得条項付種類株式の場合にはそれがないからである。

ウ．**正しい**。取得請求権付種類株式の種類株主は，会社に対して請求をすることに
より，当該取得請求権付種類株式を会社に取得させ，その対価を得ることができ
る(166条1項本文)。しかし，会社が自己株式を取得することになるため，対価
の内容が当該会社の他の種類の株式以外である場合において，対価である財産の
帳簿価額が請求の日における会社の分配可能額(461条2項)を超えているときに
は，当該請求をすることができない(166条1項ただし書)。

エ．**誤り**。種類株式発行会社が，株式の種類の追加，株式の内容の変更または発
行可能株式総数・発行可能種類株式総数の増加を内容とする定款変更を行うに
は，株主総会の特別決議に加えて，その定款変更がある種類の株式の種類株主に
損害を及ぼすおそれがあるときは，その種類の株式の種類株主を構成員とする種
類株主総会(その種類株主に係る株式の種類が2以上ある場合は，株式の種類毎
に区分した種類株主総会)の決議を経なければならない(322条1項1号)。そし
て,322条1項1号に規定する定款の変更(単元株式数についてのものを除く)につ
いては，種類株主総会の決議を要しない旨を定款で定めることはできない(322条

3項ただし書)。

以上より，正しいものはイとウであることから，正解は4となる。

問題 **10**

正解 **3**

**本問のポイント** 譲渡制限株式

**▼解　説▼**

ア．**正しい**。株式は自由に譲渡することができるのが原則である(127条)。しかし，人的な信頼関係にある者に株主を限定するためや株主間の持株比率を維持するために，定款により，会社の発行する全部の株式の内容として(「全部」2条17号，107条1項1号2項1号)，または，種類株式の内容として(「一部」2条17号，108条1項4号2項4号)，譲渡による当該株式の取得につき会社の承認を要する旨を定めることができる。したがって，会社は，発行する株式の一部についてでも譲渡制限の定めを設けることができる。

イ．**誤　り**。定款変更により株式の全部につき譲渡制限の定めを設ける場合，株主の権利に重大な制約を課すことになるので，議決権を行使できる株主の半数以上(頭数)であって「かつ」当該株主の議決権の3分の2以上にあたる多数の賛成が必要となる(309条3項1号)。なお，これらの要件は定款で引き上げることができる(309条3項柱書かっこ書)。

ウ．**誤　り**。定款に「譲受人が株主である場合においては，株式会社が136条または137条1項の承認をしたものとみなす」旨の定めを置くことで，株式を株主以外の者に譲渡する場合に限って譲渡を制限する旨の定めを設けることができる(107条2項1号ロ，108条2項4号)。

エ．**正しい**。株式を発行した株式会社以外から当該会社の株式を取得した者＝株式取得者(当該株式会社を除く)は，当該会社に対し，その株式に係る株主名簿記載事項を株主名簿に記載し，または記録することを請求することができるのが原則である(133条1項)。しかし，株式取得者が取得した株式が譲渡制限株式である場合には，一定の例外的な場合を除き，かかる請求をすることができない(134条)。

　以上より，正しいものはアとエであることから，正解は3となる。

**本問のポイント**　譲渡制限株式

**▼解　説▼**

ア．**誤　り**。譲渡制限株式の株主は，その有する譲渡制限株式を他人（当該譲渡制限株式を発行した株式会社を除く）に譲り渡そうとするときは，当該株式会社に対し，当該他人が当該譲渡制限株式を取得することについて承認をするか否かの決定をすることを請求することができる（136条）。また，同様に，譲渡制限株式を取得した株式取得者も，株式会社に対し，当該譲渡制限株式を取得したことについて承認をするか否かの決定をすることを請求することができる（137条1項）。したがって，本記述は，前段は正しいが，後段が誤りである。

イ．**正しい**。会社が譲渡制限株式の譲渡を承認せず，当該株式を買い取らなければならない場合（140条1項）には，当該株式を買い取る旨および買い取る株式数について，株主総会の特別決議により決定する必要がある（140条2項，309条2項1号）。特定の株主から会社が自己株式を取得するかたちとなるので，換金困難な株式の売却機会の平等を図るため，株主総会の特別決議が必要とされているのである。このように，特別決議は株主保護の見地から会社法が要求している以上，定款により特別決議を排除することはできない。

ウ．**誤　り**。株主は，会社の実質的所有者であるから，議決権も自らの利益のために行使できる。したがって，特別利害関係人も，議決権を行使できるのが原則である（831条1項3号）。しかし，自己株式の売主については，決議の公正（株式の売却機会について株主間の公平）を図るため，当該自己株式の取得の承認決議を行う株主総会において議決権を行使できないものとされている（140条3項，160条4項，175条2項）。本記述でも，会社が譲渡制限株式の譲渡を承認せず，当該株式を買い取らなければならない場合（140条1項）に要求される株主総会（140条2項，309条2項1号）においては，譲渡承認請求をした株主は，原則として議決権を行使できない（140条3項本文）。

エ．**正しい**。株主は会社に対し，譲渡の承認をしないときは，会社または会社の指定する者（指定買取人）が当該譲渡制限株式を買い取るよう請求することができる（138条1号ハ）。そして，会社または指定買取人から買取りの通知（141条1項，142条1項）を受けた後は，通知者の承諾を得ない限り，買取請求を撤回することができない（143条）。これは，会社または指定買取人は，買取りの通知をする時点で，資金の準備を済ませているからである（141条2項，142条2項参照）。なお，買取りの通知を受けるまでであれば，株主による撤回は自由である。

以上より，正しいものはイとエであることから，正解は5となる。

Ⅲ 株式

## 問題 **12**

正解 **1**

**本問のポイント**　株主名簿

## ▼解　説▼

ア．**正しい。**株券不発行会社の株主名簿上の株主は，株主名簿記載事項を記載した書面の交付または同事項を記録した電磁的記録の提供を請求することができる（122条1項）。当該株主には株券が発行されないことから，その権利の証明を容易にするためである。

イ．**正しい。**株券不発行会社では，株券所持による権利の推定（131条1項）がない。株主名簿に免責的効力を付与するには，株主名簿に記載・記録されている者が株主であることの蓋然性を高める必要がある。そこで，株式の取得者は，利害関係人の利益を害するおそれがないものとして法務省令で定める場合を除き，その取得した株式の株主として株主名簿に記載・記録された者またはその相続人その他の一般承継人と共同して，名義書換の請求をしなければならない（133条2項）。権利を失う者が手続に参加することで，譲渡行為があったことの真実性が高まるのである。

ウ．**誤り。**多数説は，①会社が株式取得者の名義書換を不当に拒絶しておきながら130条を楯に株式取得者の株主権の行使を認めないのは信義則（民法1条2項）に反すること，②名義書換を不当に拒絶した場合には，免責的効力の実質的基礎が失われていること等を理由に，名義書換を不当に拒絶された実質上の株主は，名義書換なくして会社に対して株主としての権利を行使することができるとしている。判例も同様の見解を示している（最判昭41.7.28）。

エ．**誤り。**株主に募集株式の割当てを受ける権利を与えるか否かは取締役会等が任意に決定できるため（202条1項3項），募集株式の割当てを受ける権利は株主に対して法律上当然に認められた権利ではなく，株式が譲渡されたからといって募集株式の割当てを受ける権利もこれに随伴して移転するとはいえない。また，もし募集株式の割当てを受ける権利が譲受人に帰属するとすれば，譲受人は譲渡人の危険において投機を試みることが可能になってしまい，信義則（民法1条2項）に反する。以上の理由から，判例は，株式の譲受人が名義書換を失念しているうちに株主割当てによる募集株式の発行があった場合，株式の割当てを受ける権利は譲渡当事者間においても譲渡人（株主名簿上の株主）に帰属するとしている（最判昭35.9.15）。

以上より，正しいものはアとイであることから，正解は1となる。

**本問のポイント**　　株主名簿

**▼解説▼**

ア．**誤り**。株券発行会社では，株式の譲渡は，当事者間の譲渡の合意（意思表示）と株券の交付によって行う（128条1項本文）。株券の交付は権利移転の要件であるから（128条1項本文は「効力を生じない」と規定している），株式について二重譲渡はあり得ない。そこで，株券不発行会社のような，第三者に対する対抗要件（＝いずれが勝つか）という問題は生じない。株券発行会社では，名義書換は株式譲渡の会社に対する対抗要件である（130条2項）。

イ．**正しい**。株券不発行会社（振替株式を除く）では，株式の譲渡は，当事者間では意思表示のみで効力を生ずる（128条1項本文の反対解釈）。株券発行会社では，株券の交付は権利移転の要件であり（128条1項本文），株式について二重譲渡はあり得ない。しかし，株券不発行会社では，二重譲渡が起こりうるので，株主名簿の名義書換を「会社に対する関係」だけでなく「第三者に対する関係」でも対抗要件とした（130条1項）。

ウ．**正しい**。名義書換の請求は，「株主名簿上の株主（譲渡人）と株式取得者」とで共同して行うことが原則である（133条2項）。しかし，株券発行会社では，株券の占有者は，適法な権利者と推定されるから（131条1項），「利害関係人の利益を害するおそれがないものとして法務省令で定める場合」として，取得者は会社に対して株券を提示して単独で名義書換えの請求ができる（施行規則22条2項1号）。

エ．**誤り**。株式の振替制度利用会社では，名義書換は「総株主通知」にしたがって行われる。つまり，権利を行使できる振替株式の株主を確定させるために会社が基準日等（124条1項，180条2項2号等）を定めた場合には，振替機関が会社に所定の通知事項（振替法151条1項，社債，株式等の振替に関する命令20条）を通知する（総株主通知）。総株主通知を受けた会社は，通知された事項を，株主名簿に記載・記録しなければならない（振替法152条1項）。これにより，基準日等に株主名簿の名義書換がされたものとみなされ（振替法152条1項後段），会社はその株主に権利を行使させることになる。他方，株主が少数株主権等（ex.議決権以外の共益権）を行使しようとする場合には，会社法130条1項の規定は適用されず（振替法154条1項），個別株主通知による。つまり，株主は，直近上位機関を経由して，振替機関に対し，自己が有する振替株式の種類・数，その増加・減少の経過その他主務省令で定める事項を会社に通知するよう申し出なければならない（振替法154条3項～5項）。株主は，振替機関から会社に対して個別株主通知がされた後政令（振替法施行令40条）で定める期間（4週間）が経過する日までの間に，権利を行使しなければならない（振替法154条2項）。

以上より，正しいものはイとウであることから，正解は4となる。

Ⅲ　株式

**問題 14** 正解 **6**

本問のポイント　株主名簿・株券の記載事項

**▼解　説▼**

　株主名簿・株券については，それぞれ必要的記載事項が法定されている(121条，216条)。

〈株主名簿記載事項〉

①株主の氏名または名称および住所

②①の株主の有する株式の数(種類株式発行会社にあっては，株式の種類および種類ごとの数)

③①の株主が株式を取得した日

④株式会社が株券発行会社である場合には，株式(株券が発行されているものに限る)に係る株券の番号

〈株券記載事項〉

①株券発行会社の商号

②当該株券に係る株式の数

③譲渡による当該株券に係る株式の取得について株式会社の承認を要することを定めたときは，その旨

④種類株式発行会社にあっては，当該株券に係る株式の種類およびその内容

　なお，株券には，株券記載事項のほか，株券発行会社の代表取締役(指名委員会等設置会社にあっては，代表執行役)の署名または記名押印も必要となる(216条柱書)。

ア．**株券の記載事項である**。株式会社の商号は，株券記載事項である(216条1号)。

イ．**株主名簿の記載事項である**。株主が株式を取得した日は株主名簿の記載事項である(121条3号)。

ウ．**株主名簿の記載事項にも株券の記載事項にも該当しない**。株券が発行された日は，株主名簿記載事項にも株券記載事項にも該当しない(121条，216条参照)。

エ．**株主名簿の記載事項にも株券の記載事項にも該当しない**。株式会社の成立の日は，株主名簿記載事項にも株券記載事項にも該当しない(121条，216条参照)。

　以上より，株券の記載事項にも株主名簿の記載事項にも該当しないものはウとエであることから，正解は6となる。

**本問のポイント**　株券不所持制度・株券失効制度

**▼解　説▼**

ア．**正しい。** 株券発行会社の株主は，その株券発行会社に対し，その有する株式に係る株券の所持を希望しない旨を申し出ることができる(217条1項)。この申出は，新株発行の際のようにいまだ株券が発行されていない場合にも，すでに株券が発行されている場合にもすることができる。ただし，後者の場合には，株券を会社に提出しなければならない(同条2項)。

イ．**誤　り。** 株券発行後に不所持の申出をした場合において，その後株券の発行請求をしたときは，株主が発行費用を負担しなければならない(217条6項後段)。しかし，いまだ株券が発行されていない時に不所持の申出がなされた株式について，その後株主が株券発行請求をした場合の株券発行費用は，会社が負担することとなるので(同条2項6項前段参照)，本記述は誤っている。

ウ．**正しい。** 株券発行会社は，株券喪失登録簿を作成し，株券喪失登録の請求がなされたときは，①請求に係る株券の番号，②株券喪失者の氏名(名称)・住所，③名義人の氏名(名称)・住所，④株券喪失登録日を記載・記録しなければならない(221条)。

エ．**誤　り。** 株券喪失登録者が株券喪失登録をした株券にかかる株式の名義人でない場合，その株式の株主は，登録抹消日までの間は，株主総会または種類株主総会において議決権を行使することができない(230条3項)。このような場合に，名義人が議決権を行使できるとすると，事後的に当該名義人が権利者ではなかったことが判明したときに，決議取消原因となるおそれがあるためである。したがって，株券喪失登録者が株券喪失登録をした株券にかかる株式の名義人である場合には，そのようなおそれがないことから，株主名簿の記載・記録により，議決権を行使することができることになる。株券喪失登録がされている株券にかかる株式の株主であっても，当該株主が株券喪失登録者であれば，議決権を行使することができるので，本記述は誤っている。

以上より，正しいものはアとウであることから，正解は2となる。

Ⅲ　株　式

## 問題 16

正解 **6**

**本問のポイント** 自己株式

**▼解　説▼**

ア．**誤 り**。株式会社が，株主との合意により自己株式を有償で取得するには，原則として，あらかじめ株主総会の決議(授権決議)によって，一定の事項を定めなければならない(156条1項)。そして，156条1項の株主総会の授権決議は，定時株主総会に限らず，臨時株主総会においてなすこともできる。この点，旧商法では，自己株式の取得は利益処分としての性格を持つので，定時株主総会の決議で行うとされていた(旧商法210条1項)。しかし，会社法では，いつでも株主総会の決議によって，剰余金の配当を決定することができるので(453条,454条1項)，定時株主総会である必要はない。

イ．**誤 り**。株式会社は,155条1号ないし13号に掲げる場合であれば，適法に自己株式を取得することができる(155条柱書)。そして，株式会社が，適法に自己株式を取得した場合，会社は取得した自己株式を特に期間の制限なく保有することができる。自己株式については，子会社が有する親会社株式の処分義務(135条3項)に相当するような規定はない。

ウ．**正しい**。取得の相手方となる株主は，決議の公正を図るため，原則として，当該決議につき議決権を行使できない(160条4項本文)。

エ．**正しい**。自己株式の無償取得は，株主間の投下資本回収の機会の不平等を生じさせたり出資の払戻しになる等の弊害が通常考え難いので，規制無しに行うことができる(155条13号・施行規則27条1号,156条2項)。そして，株式会社が自己株式を特定の株主から有償で取得する場合には，投下資本回収の機会の平等を図るため他の株主に売主追加請求権が認められるが(160条3項)，無償取得の場合には他の株主に投下資本回収の機会の不平等は生じないから，売主追加請求権もない。

　以上より，正しいものはウとエであることから，正解は6となる。

## 問題 17

**本問のポイント**　自己株式

**▼解　説▼**

ア．**誤　り**。取締役会設置会社以外では株主総会決議が必要である(163条)。親会
社は，株主総会(取締役会設置会社では取締役会)の決議により156条1項各号所
定の事項を定め，会社法157条〜160条の規制を受けることなく，子会社から自己
株式を取得することができる(163条)。子会社は，親会社株式を取得した場合，
相当の時期にそれを処分しなければならないが(135条3項)，第三者への処分が
容易でない場合もありうることから，簡易な手続により親会社が子会社から自己
株式を取得する手続が認められている。

イ．**誤　り**。株式会社は，相続その他の一般承継により譲渡制限株式(2条17号)を
取得した者に対し，当該株式を当該株式会社に売り渡すことを請求することがで
きる旨を定款で定めることができる(174条)。相続その他の一般承継による株式
の取得は，「譲渡による取得」ではないので，譲渡制限株式における会社の承認の
対象にはならないが，会社にとって好ましくない一般承継人を会社から排除する
方策を認めたものである。162条の場合と異なり，相続人等の一般承継人の同意な
しに取得でき，また，公開会社についても適用がある。

ウ．**正しい**。単元未満株主からの買取請求の場合(155条7号，192条1項)には，財
源規制は課されない(461条1項参照)。単元未満株主の投下資本回収の機会を保
障するため(192条1項)，法律上取得が義務づけられている場合だからである。

エ．**正しい**。子会社が有する親会社株式については，453条かっこ書のような規定が
ない。子会社の少数株主・債権者の利益の上からも，認める必要があるからであ
る。これに対し，自己株式については，剰余金の配当請求権は認められない(453
条かっこ書)。配当をすると翌事業年度の営業外収益として計上され，収益力に
対する誤解を与えるおそれがあるからである。

以上より，正しいものはウとエであることから，正解は6となる。

**本問のポイント**　子会社による親会社株式の取得

**▼解　説▼**

ア．**誤　り**。子会社による親会社株式の取得は，原則として，禁止されている(135
条1項)。このことは分配可能額の範囲内であっても異ならない。子会社は親会
社から出資を受け，かつ，株式の保有を通じて親会社の支配を受けているので，
取得を自由にすると，①親会社への出資の払戻しと同様の結果を生じ会社債権者
の利益を害する，②株主平等原則に反する，③取締役が自己の会社支配を維持す
る等，経営を歪める手段に利用される，④相場操縦，インサイダー取引などに利
用される等の弊害が生じる可能性があるからである。そして，会社自身による自
己株式の取得の規制が，手続・取得限度等に制約を課して取得を認めているの
に，子会社による親会社の株式取得が禁止される理由は，量的規制にとどめよう
とすると，親会社・兄弟会社と合算した規制が必要となり，規制が著しく複雑に
なるからである。

イ．**正しい**。子会社による親会社の新株予約権の取得は，特に規制が設けられてお
らず，認められる。新株予約権(2条21号，236条)は，会社に対する債権に過ぎ
ず，株式ではないからである。

ウ．**正しい**。子会社が有する親会社株式には，議決権が認められない(308条1項か
っこ書，325条，施行規則67条，95条5号)。子会社の議決権行使は，親会社の取締
役の意向に従い行われることにより，親会社の支配の公正を歪める可能性が高い
からである。なお，議決権が認められないことから，一切の親会社株主総会への
参与権(出席・質問権等)，および，議決権を基準とする少数株主権(297条1項，
303条2項等)も認められない。

エ．**誤　り**。子会社は，親会社株式を取得した場合，相当の時期にそれを処分しな
ければならない(135条3項)。記述ア．で述べた弊害を可及的に防止するためで
ある。

　以上より，正しいものはイとウであることから，正解は4となる。

**本問のポイント** 　株式の併合

**▼解　説▼**

ア．**正しい**。株式会社は，株式の併合をするときは，その都度，株主総会の特別決議によって，併合の割合・効力発生日・種類株式発行会社の場合には併合する株式の種類・効力発生日における発行可能株式総数を定めなければならない（180条2項，309条2項4号）。株主総会の特別決議が要求されているのは，株式の併合は，併合の割合の如何によっては端数を生じたり，小さい単位で株式を譲渡する利益が失われる等，株主の地位や利益に重大な影響を及ぼすからである。

イ．**誤　り**。株式の併合は，その結果端数が生ずる株主に対して不利に働くことから，平成13年改正前商法の下では，法律が特に認めた場合（1株あたり貸借対照表上の純資産額を5万円以上とする場合）にしか行うことができなかった。しかし，平成13年改正商法は，出資単位に関する会社の自治を尊重し，株式の併合が許容される事由に関する規制を撤廃した。これは会社法にも引き継がれており，会社は，一定の手続を行えば，事由の如何を問わず株式の併合をすることができる（180条1項）。

ウ．**誤　り**。株式の併合により端数が生ずる株主が不利益を受ける等の問題が生ずるので，取締役は，株式の併合のための株主総会において，株式の併合を必要とする理由を説明しなければならない（180条4項）。

エ．**正しい**。株式会社が株式の分割または株式の併合をすることにより株式の数に1株に満たない端数が生ずるときは，その端数の合計数（その合計数に1に満たない端数が生ずる場合にあっては，これを切り捨てるものとする）に相当する数の株式を競売し，かつ，その端数に応じてその競売により得られた代金を株主に交付しなければならない（235条1項）。

　以上より，正しいものはアとエであることから，正解は3となる。

III 株式

 問題 **20**

正解 **6**

**本問のポイント** 株式の併合

**▼解 説▼**

ア．**誤 り**。株式の併合を行うと，発行済株式の総数は併合の限度で減少するが，従来は定款に規定される発行可能株式総数(37条1項)は当然には減少しない。これでは，公開会社において取締役会に募集株式の発行についての過大な権限を与えることになる(201条1項参照)。そこで，株式会社は，株式の併合をしようとするときは，その都度，株主総会の決議によって，効力発生日における発行可能株式総数を定めなければならず，「公開会社」における発行可能株式総数は，株式の併合がその効力を生ずる日における発行済株式の総数の4倍を超えることができないものとした(180条2項4号3項本文)。また，株式会社が株式の併合をした場合，株式の併合の効力発生日において，発行可能株式総数についての定款変更をしたものとみなされる(182条2項)。なお，非公開会社については，この規制は適用されない。非公開会社では，募集株式の発行は，原則として，株主総会の特別決議によるからである(199条2項，200条1項，202条3項4号，309条2項5号)。

イ．**誤 り**。株式会社は，効力発生日(180条2項2号)の「20日」前までに，株主に対して，株式の併合をする旨の通知(または公告)をしなければならない(182条の4第3項。なお，182条の4第4項参照)。反対株主の株式買取請求権(182条の4第1項，エの解説参照)は，株主総会において議決権を行使できない株主にも与えられるので(182条の4第2項2号)，株式の併合がなされることを知らせる必要があるからである。

ウ．**正しい**。株式の併合が法令または定款に違反する場合において，株主が不利益を受けるおそれがあるときは，株主は，株式会社に対し，当該株式の併合をやめることを請求することができる(182条の3)。株式の併合が行われると1株に満たない端数はまとめて売却され，少数株主は不利益を被るおそれがあることから，株主に株式の併合の差止請求権を認めた。

エ．**正しい**。株式会社が株式の併合をすることにより株式の数に1株に満たない端数が生ずる場合には，反対株主は，効力発生日の20日前から効力発生日の前日までの間に，当該株式会社に対し，自己の有する株式のうち1株に満たない端数となるものの全部を公正な価格で買い取ることを請求することができる(182条の4第1項4項)。端数の合計数に相当する数の株式を競売し，競売によって得られた代金を端数に応じて分配するという通常の端数の処理(235条)では，多くの端数が生ずる株式の併合については，市場価格の下落や売却先が困難になる等，適切な対価が交付されないおそれがある。そこで，1株に満たない端数の買取請求の制度が認められた。

以上より，正しいものはウとエであることから，正解は6となる。

**本問のポイント**　単元株式

**▼解　説▼**

ア．**正しい。**株式の市場価格が高額となっているために市場における流通性が小さくなっている場合には，株式の分割により流通単位を小さくすることによって流通性を高めることが望まれることがある。このような場合に，株式の分割のみを行うと，総議決権数も同じ割合で増加する結果，株主管理コストも増加してしまう。そこで，株式の分割を行いつつ，同じ割合で単元株式数を設定するという方法がとられる(ex. 1株を2株に分割すると同時に単元株式数を2株とする)。これにより，株式の流通単位を小さくしつつ，総議決権数を変化させないことが可能となるからである。この際，本来ならば，単元株式数の設定に係る定款変更をするために，株主総会の特別決議を経なければならないが(309条2項11号，466条)，会社法は，特則を置いている。株式の分割と単元株式数の設定(または増加)とを同時に行い，かつ，その前後で各株主の有する議決権の数も変化しないように単元株式数を設定(または増加)した場合には，単元株式数の設定(または増加)に係る定款の変更につき株主総会の承認を受ける必要はない，というものである(191条)。この要件を満たすのであれば，各株主が有する権利内容に変化が生じることもなく，株主の権利を害するおそれはないことから認められた。本記述においては，この要件を満たしているので，単元株式数の設定に係る定款の変更につき株主総会の承認を受ける必要はない。

イ．**誤り。**単元株制度を採用した会社では，株主は1単元について1個の議決権を有し，単元未満株式については議決権を行使することができないが(189条1項)，その他は株主としての権利を有するのが原則である。ただし，単元未満株主の権利を定款で制限することも認められている(189条2項柱書)。もっとも，単元未満株式も株式であることに変わりはなく，会社に対する持分としての性質を有することから，直接に持分の消長をきたす，株式無償割当てを受ける権利を制限することはできない(189条2項3号)。

ウ．**誤り。**単元未満株主は，会社に対し，当然に自己の有する単元未満株式を買い取ることを請求することができる(192条1項)。会社は，定款をもってしても単元未満株式買取請求権を制限することはできない(189条2項4号)。

エ．**正しい。**株券発行会社であって単元株制度を採用した会社は，定款で，単元未満株式に係る株券を発行しないことができる旨を定めることができる(189条3項)。零細な数の株式について株券を発行するコストを節約することを認める趣旨である。

以上より，正しいものはアとエであることから，正解は3となる。

**問題 22**

正解 **2**

**本問のポイント**　募集株式の発行等

**▼解　説▼**

ア．**正しい**。公開会社が募集株式を発行する場合には，それが有利発行でない限り，取締役会の決議で募集事項が決定される（201条1項，199条2項）。そして，会社は原則として，募集株式申込みの期日（または期間を定めた場合にあっては，その期間の初日）の2週間前までに，株主に対し，当該募集事項（払込金額の決定の方法を定めた場合にあっては，その方法を含む）を通知または公告しなければならない（201条3項4項）。しかし，株式会社が募集事項に規定する払込期日または払込期間の初日の2週間前までに有価証券届出書の届出をしている場合には，この規定は適用されない（201条5項）。金融商品取引法による情報開示が既に行われており，株主の保護に欠けることはないからである。

イ．**誤　り**。著しく不公正な払込金額で株式を引き受けた者は，その引受けが取締役との通謀によってなされた場合に限り，払込金額と公正な価額との差額に相当する金額の支払をなす義務を負う（212条1項1号）。取締役と通じて著しく不公正な払込金額で募集株式を引き受けた者がいる場合，既存の株主や他の引受人の株式の財産的価値を低下させたことになり，他の出資者との公平確保に欠けるので，その者に，当該差額を支払う義務を負わせたものである。なお，指名委員会等設置会社においては，取締役または執行役との通謀が必要である（212条1項1号かっこ書）。

ウ．**正しい**。設立の場合には，出資者に発起人としての重い責任を負わせるため（52条），現物出資は発起人に限ってなしうるものとされている（この点，発起人の出資の履行を規定した34条と設立時募集株式の引受人の払込義務を規定した63条を対比せよ）。これに対し，募集株式の発行等の場合には現物出資者についての制限がない（199条1項3号参照）。募集株式の発行等の場合には既に財政的基盤が確立しており，現物出資者を限定する必要性が小さいからである。

エ．**誤　り**。現物出資に関して引受人が不足額てん補責任を負う場合（212条1項2号），取締役等も，連帯して，不足額てん補責任を負う（213条1項4項）。ただし，現物出資財産価額について検査役の調査を経ている場合や当該取締役等がその職務を行うにつき注意を怠らなかったことを証明した場合については責任を負わない（213条2項）。

以上より，正しいものはアとウであることから，正解は2となる。

**本問のポイント**　新株発行無効の訴え

**▼解　説▼**

ア．**誤 り**。公開会社において，代表取締役が取締役会の決議を経ずに新株を発行しても，新株発行の無効原因とはならない（最判昭36.3.31）。同判決は，「新株の発行は株式会社の組織に関することとはいえ，むしろこれを会社の業務執行に準ずるものとして取扱っているものと解するのが相当であること」（201条1項，362条2項1号4項参照）や「取締役会の決議は会社内部の意思決定であって，株式申込人には右決議の存否は容易に知り得」ないこと等を挙げ，株式取引の安全を重視して有効説を採っている。

イ．**誤 り**。公開会社において，株主総会の特別決議を経ずに，株主以外の者に募集株式を「特に有利な」払込金額で発行しても，新株発行の無効原因とはならない（最判昭46.7.16）。この場合には，取締役会決議を欠く場合に比べて，既存株主の利益に重大な影響を及ぼすといえよう。しかし，手続違反があったことが外部から容易に分からない点は同じであり，判例・通説は株式取引の安全を重視して有効説を採っている。

ウ．**正しい**。株主に対し新株発行差止めの仮処分命令を得る機会を与え，差止請求権の実効性を担保しようとした法の趣旨から，仮処分命令に違反して発行したことは無効原因になる（最判平5.12.16）。同判決は，210条に規定する「新株発行差止請求の制度は，会社が法令若しくは定款に違反し，又は著しく不公正な方法によって新株を発行することにより従来の株主が不利益を受けるおそれがある場合に，右新株の発行を差し止めることによって，株主の利益をはかる趣旨で設けられたものであり」，201条3項4項は，「新株発行差止請求の制度の実効性を担保するため，払込期日の2週間前に新株発行に関する事項を公告し，又は株主に通知することを義務付け，もって株主に新株発行差止めの仮処分を得る機会を与えていると解されるのであるから，この仮処分命令に違反したことが新株発行の効力に影響がないとすれば，差止請求権を株主の権利として特に認め，しかも仮処分命令を得る機会を株主に与えることによって差止請求権の実効性を担保しようとした法の趣旨が没却されてしまうからである」と述べている。

エ．**正しい**。新株発行に関する事項の公示は，株主が新株発行差止請求権を行使する機会を保障することを目的として会社に義務づけられたものであるから，新株発行に関する事項の公示を欠くことは，新株発行差止請求をしたとしても差止めの事由がないためにこれが許容されないと認められる場合でない限り，新株発行の無効原因となる（最判平9.1.28）。

以上より，正しいものはウとエであることから，正解は6となる。

Ⅲ
株
式

**問題 24**

| 本問のポイント | 新株予約権 |
|---|---|

**▼解 説▼**

ア．**誤 り**。236条1項10号は，「当該新株予約権（新株予約権付社債に付されたものを除く。）に係る新株予約権証券を発行することとするときは，その旨」と規定しているので，新株予約権証券を発行するか否かは，会社が自由に決定することができる。したがって，株券発行会社が新株予約権証券を発行しない新株予約権を発行することもできるし，逆に，株券発行会社でない会社が新株予約権証券を発行することもできる。

イ．**誤 り**。新株予約権の発行に際しては，募集の都度，譲渡による当該新株予約権の取得について当該株式会社の承認を要するかどうかを決めることができる（236条1項6号，238条1項1号。承認請求や承認機関については，262条～参照）。そして，新株予約権の譲渡制限は，非公開会社のみならず，公開会社においても行うことができる。たとえば，公開会社において，取締役にインセンティブ報酬として新株予約権が与えられた場合，会社業績向上・株価上昇等へのインセンティブをもたせるため，通常，当該取締役が保有する新株予約権の譲渡を制限する必要がある。また，新株予約権の目的である株式が譲渡制限株式（2条17号）であっても，新株予約権者が権利を行使して株主となることについて会社の承認を必要とするわけではない（2条21号，282条参照）。そこで，新株予約権の行使により株主となる者を制限したければ，新株予約権に譲渡制限を付す必要がある。

ウ．**正しい**。譲渡制限新株予約権（243条2項2号かっこ書参照）についての承認機関・手続等は，譲渡制限株式の場合と同じである（262条～）。取締役会設置会社では，取締役会が譲渡等の承認の決定を行う（265条1項かっこ書）。そして，指名委員会等設置会社において，譲渡制限株式および譲渡制限新株予約権の譲渡等の承認の決定につき，取締役会から執行役への委任は禁止されている（416条4項1号3号）。

エ．**正しい**。新株予約権の行使期間（236条1項4号）内に権利を行使しなかった場合等，新株予約権者がその有する新株予約権を行使することができなくなったときは，当該新株予約権は消滅する（287条）。

　以上より，正しいものはウとエであることから，正解は6となる。

## 問題 25

**本問のポイント** 機関設計

**▼解 説▼**

ア．**正しい。** 公開会社でも大会社でもない会社にとって最小限必要な機関は，株主総会と取締役である(326条1項)。株主総会が万能の機関として，株式会社に関する一切の事項について決定し(295条1項)，取締役がそれを執行する(348条1項)。同族会社のような少人数の株主から成る小規模会社に適した簡素な機関設計である。しかし，公開会社でも大会社でもない会社も，定款で定めれば，あらゆる機関をオプションとして置くことができる(326条2項)。監査等委員会設置会社および指名委員会等設置会社(2条11号の2，2条12号，399条の2〜，400条〜)にもなれる。これによって，小規模会社であっても，早期の株式上場を望むベンチャー企業等のニーズに応じた重厚な機関設計ができる。

イ．**誤 り。** 取締役会設置会社(監査等委員会設置会社および指名委員会等設置会社を除く)では，原則として，監査役(381条1項)を置かなければならない(327条2項本文)。会社の経営が株主の手を離れて，取締役会に委ねられるので(295条2項，362条参照)，株主の利益に反した経営がなされないよう監視する機関が必要となるからである。しかし，取締役会設置会社(監査等委員会設置会社および指名委員会等設置会社を除く)が公開会社でない場合には，会計参与を設置すれば，監査役の設置を免れることができる(327条2項ただし書)。公開会社でない会社は，株式全部に譲渡制限がついているので(2条5号参照)，株主の異動もまれであり，株主が取締役の業務執行を監視することが可能だからである。

ウ．**正しい。** 公開会社は，必ず取締役会を置かなければならない(327条1項1号)。そして，公開会社である大会社(監査等委員会設置会社および指名委員会等設置会社を除く)では，株主が多数分散し，経営者の権限も拡大強化されるので，監査の実効性を高めるために，監査役会の設置が強制される。また会社債権者も多数存在するので，計算書類の適正を確保するため会計監査人の設置が必要となる(328条1項)。

エ．**誤 り。** 公開会社でない大会社では，会計監査人の設置が強制される(328条2項)。会社債権者が多数存在するので，計算書類の適正を確保する必要があるからである。そして，会計監査人設置会社では，監査等委員会設置会社および指名委員会等設置会社を除き，監査役の設置が必要となる(327条3項)。会計監査人の独立性を確保し，会計監査を有効に機能させるには，業務監査権限を有する監査役との連動が必要だからである。しかし，公開会社である大会社の場合(328条1項)と異なり，監査役会の設置までは強制されない。

以上より，正しいものはアとウであることから，正解は2となる。

IV
機
関

## 問題 26

**本問のポイント** 機関設計

**▼解 説▼**

ア. **正しい**。取締役会の設置が強制されるのは，公開会社，監査役会設置会社，監査等委員会設置会社，指名委員会等設置会社の４つである(327条１項１号～４号)。公開会社では，株主が多数分散する可能性があるので，株主総会で，機動的に業務執行の意思決定をなすのは事実上不可能だし，執行機関を監督するのも不可能である。そこで，業務執行の意思決定を行い，執行する者を監視・監督するために取締役会の設置が義務づけられる(327条１項１号。所有と経営の分離，295条２項，331条２項本文，362条２項４号)。非公開会社でも，①監査役会設置会社である場合(327条１項２号)，②監査等委員会設置会社である場合(327条１項３号)，③指名委員会等設置会社である場合(327条１項４号)には，取締役会の設置が強制される。①は，取締役が１人という経営機構が簡素な会社に，監査役についてのみ監査役会(390条～)という複雑な仕組み(取締役１人＋監査役会)を置く必要性に乏しいからである。②③は，監査等委員会設置会社および指名委員会等設置会社は取締役会の監督機能の強化が前提となった仕組みだからである。

イ. **誤 り**。会計参与は，すべての株式会社が定款の定めにより任意に設置できる機関である(326条２項)。監査等委員会設置会社および指名委員会等設置会社でも，定款で定めれば，会計参与を置くことができる(374条６項参照)。

ウ. **正しい**。監査等委員会設置会社および指名委員会等設置会社以外の取締役会設置会社は，原則として，監査役を置かなければならない(327条２項本文)。しかし，非公開会社(2条5号参照)では，全部の株式が譲渡制限株式であり(2条17号，107条１項１号)，株主の変動が頻繁に生ずることはなく，株主が直接に取締役の業務執行を監視することも可能な場合があることから，会計参与を置くことにより監査役を設けないことも認められている(327条２項ただし書)。なお，非公開会社(監査役会設置会社および会計監査人設置会社を除く)は，監査役を置いた場合でも，監査役の権限を会計監査に限定する旨を定款で定めることも可能である(389条１項)。

エ. **誤 り**。公開会社でない大会社では，会計監査人(396条１項参照)の設置が必要である(328条２項)。会社の規模が大きくなると，会計が複雑になるし，もし粉飾が行われて会社が倒産すると社会的影響が大きいので，会社をとりまく利害関係人保護のため，計算書類が適切に作成され，開示されることが重要だからである。そして，会計監査人設置会社では，監査等委員会設置会社および指名委員会等設置会社を除き，監査役の設置が必要となる(327条３項)。会計監査人の独立性を確保し，会計監査を有効に機能させるには，業務監査権限を有する監査役との連携が必要だからである。

以上より，正しいものはアとウであることから，正解は２となる。

**本問のポイント**　非公開会社の特例

**▼解　説▼**

**ア. 誤 り**。取締役会設置会社では、株主総会の目的である事項以外の事項は決議できない(309条5項本文)。取締役会設置会社の株主は通知された目的たる事項によって出席や議決権の行使を判断するため、通知されていない事項を決議することは不意打ちになるおそれがあるからである。非公開会社であり、かつ取締役会非設置会社である会社の場合のみ、招集通知に定めた議題以外についても決議することができる。なお、非公開会社であり、かつ取締役会非設置会社である会社では、書面投票、電子投票によりうる旨を定めていなければ、招集通知は、書面、電磁的方法によることを要せず、口頭でも可能である(299条2項1号)。また、日時、場所が何らかの方法で通知されていればよく、株主総会の目的である事項を通知する必要はない(299条4項参照)。取締役会非設置会社の株主総会は万能の機関であり、会社の組織、運営、管理その他会社に関する一切の事項を決議することが予定されており(295条1項)、また、小規模な会社では、所有と経営の分離が進んでおらず、株主は経営に関心をもっており、株主総会にも積極的に参加する意欲を持っているからである。

**イ. 誤 り**。指名委員会等設置会社以外の会社では、原則として、取締役の任期は「選任後2年以内に終了する事業年度のうち最終のものに関する定時株主総会の終結の時まで」(332条1項)であるのに対し、指名委員会等設置会社の場合には、「選任後1年以内に終了する事業年度のうち最終のものに関する定時株主総会の終結の時まで」に短縮されている(332条6項)。これは、指名委員会等設置会社では、取締役会の機能は監督機能に特化するので、毎年の定時株主総会において株主に対して、取締役の信任を問う機会を与えるためである。指名委員会等設置会社である以上は、非公開会社でも、取締役の任期は「選任後1年以内に終了する事業年度のうち最終のものに関する定時株主総会の終結の時まで」である(332条2項かっこ書参照)。

**ウ. 正しい**。監査役は、取締役の職務執行の監査にあたる機関である(381条1項)から、その職務と権限は、会計監査(436条1項)を含む業務監査全般に及ぶ。しかし、非公開会社(監査役会設置会社および会計監査人設置会社を除く。)は、定款で、監査役の権限の範囲を会計監査に限定することができる(389条1項)。

**エ. 正しい**。非公開会社のうち監査役の権限を会計監査に限定している会社(389条1項)や、監査役を置かない会社では、株主が直接、会社の業務執行を監督する仕組みを設けている。たとえば、株主による取締役の違法行為に対する差止請求の要件の緩和(360条2項)や、株主による取締役会の招集請求権である(367条1項)。株主がこれらの権限を行使できるよう、取締役は、会社に著しい損害を及ぼすおそれのある事実を発見したときは、直ちに株主にこれを報告しなければならない(357条1項)。

以上より、正しいものはウとエであることから、正解は6となる。

IV
機

関

**本問のポイント** 株主総会

**▼解　説▼**

ア．**正しい**。株主総会が定期的に開催されるのであれば，株主総会を通じた株主による会社のコントロールが実効的なものとなる。そこで，会社法は，毎事業年度の終了後一定の時期に定時株主総会を招集しなければならないと規定している（296条1項）。しかし，その開催場所に関して特別の規定は設けられていないため，定時株主総会は，定款に別段の定めがない限り，本店で開催する必要はない。

イ．**誤り**。総株主の議決権の100分の3（これを下回る割合を定款で定めた場合にあっては，その割合）以上の議決権を6箇月（これを下回る期間を定款で定めた場合にあっては，その期間）前から引き続き有する株主は，取締役に対し，株主総会の目的である事項（当該株主が議決権を行使することができる事項に限る）および招集の理由を示して，株主総会の招集を請求することができる（297条1項）。ただし，取締役会設置会社であっても非公開会社である場合には，上記6箇月の保有は要件とならない（297条2項）。なお，303条2項3項参照。

ウ．**誤り**。株主総会は，株主の全員の同意があるときは，招集の手続を経ることなく開催することができるのが原則である（300条本文）。しかし，書面投票（298条1項3号）・電子投票（298条1項4号）による議決権の行使を認めた場合には，招集の手続を省略することはできない（300条ただし書）。この場合には，招集の通知に際して株主総会参考書類および議決権行使書面の交付等が必要となるので（301条），その交付等のために招集の手続を省略するわけにはいかないからである。

エ．**正しい**。株式会社は，株主総会に係る招集の手続および決議の方法を調査させるため，当該株主総会に先立ち，裁判所に対し，検査役の選任の申立てをすることができる（306条1項）。経営権に関する争いがあるなど，株主総会の混乱が予想される場合に利用される制度である。これにより，後日提起されるであろう株主総会決議取消しの訴えのための証拠を保全することが可能になる。なお，一定の株式を有する株主による選任の申立ても認められる（306条1項2項参照）。

以上より，正しいものはアとエであることから，正解は3となる。

**本問のポイント**　株主総会

**▼解　説▼**

ア．**正しい。** 会社法の規定において株主総会の権限とされている事項について，取締役，執行役，取締役会その他の機関がその決定をすることができるとする定款の定めは，その効力を有しない(295条3項)。株主総会の権限とされている法定事項は，どうしても株主の意思を問わざるを得ない事項だからである。

イ．**正しい。** 取締役または株主が，株主総会の目的である事項について提案をした場合において，その事項について議決権を行使することができる株主の全員が，その提案につき書面または電磁的記録により同意の意思表示をしたときは，その提案を可決する旨の株主総会の決議があったものとみなされる(319条1項)。この決議の省略の趣旨は，会社と緊密な関係にある株主のみからなる，閉鎖型のタイプの会社につき，手続の簡素化を可能にする点にある。

ウ．**誤　り。** 役員の選任・解任(監査役の解任と累積投票で選任された取締役の解任を除く。これらは特別決議事項)の決議については，定款によっても，定足数を，議決権を行使することができる株主の議決権の3分の1未満と定めることはできない(341条)。この趣旨は，あまりに少数の株主によって役員が選任・解任されてしまうことは好ましくないという点にある。したがって，定足数を完全に排除することはできない。

エ．**誤　り。** 株主は，会社の実質的所有者であり，議決権も自らの利益のために行使できる。したがって，特別利害関係人も，自己株式の売主(140条3項，160条4項，175条2項)の場合を除き，議決権を行使できる(cf. 取締役会の場合と異なる。369条2項)。それによって著しく不当な決議がなされたときは，事後的に株主総会決議取消事由となるにすぎない(831条1項3号)。

以上より，正しいものはアとイであることから，正解は1となる。

IV
機

関

## 問題 30

**▼解　説▼**

ア．**誤　り**。株主は，1株につき1個の議決権を有するのが原則である（1株1議決権の原則，308条1項本文）。その例外として，議決権制限株式（108条1項3号）が認められている。投資家の多様なニーズや会社支配の多様化に応えるためである。しかし，会社法上，1株に複数議決権を付与するような株式の発行は認められていない（なお，109条2項，105条1項3号参照）。

イ．**正しい**。株式会社は，株主総会を招集するに際して，株主総会に出席しない株主が書面によって議決権を行使することができる旨を定めることができる（書面投票制度，298条1項3号）。株主総会に出席することができない株主にも議決権行使の機会を保障し，多くの株主の意思を株主総会の決議に反映させることができるようにする趣旨である。298条2項は，書面投票制度を採用しなければならない場合を定めているが，算定の基準となるのは，株主総会において議決権を行使することができる株主の数が1,000人以上の場合である（298条2項本文）。したがって，株主数が1,000人未満の会社は，書面投票制の採用は任意であるから，本記述は正しい。

ウ．**正しい**。株主は，代理人によってその議決権を行使することができる（310条1項）。株主が広い範囲に分散する可能性のある公開会社では，株主が容易に議決権を行使する方法を保障する必要がある。また，会社の実質的所有者である株主にとって株主総会への出席および株主総会での議決権行使は義務ではなく権利の行使であるから，議決権の代理行使を認めても何ら不都合がないからである。ただ，議決権行使の代理権の授与は，株主総会ごとにしなければならない（310条2項）。株主に株主総会の招集通知・参考書類に記載された事項を読ませた上で代理権を授与するか・誰に授与するかを判断させる（＝株主の保護）のと会社経営者が議決権代理行使の制度を会社支配の手段として濫用するのを防止する趣旨である。

エ．**誤　り**。多くの会社の定款は，株主の議決権行使の代理人資格を当該会社の株主に限定する旨を定めており，そのため代理人選任に関し，株主は制約を受けることとなる。そこで，議決権の代理行使を保障した310条1項との関係で，当該定款規定は有効なのかが問題となる。この点，最高裁判所の判例は，株主総会が，株主以外の第三者によって攪乱されるのを防止する合理的な理由による相当程度の制限として，原則として，有効と判断している（最判昭43.11.1）。ただし，非株主の代理行使を認めても株主総会を攪乱するおそれがなく，これを認めないと株主の議決権の代理行使を保障した趣旨を害するときは，もはや定款の効力は及ばず，会社は当該代理人の議決権行使を拒めないとしている（最判昭51.12.24）。

以上より，正しいものはイとウであることから，正解は4となる。

## 問題 31　　　　　　　　　　　　　　　　　　　　　　正解 2

**本問のポイント**　種類株主総会

**▼解　説▼**

ア．**正しい。** 種類株式発行会社(2条13号, 108条1項各号に掲げる事項について内容の異なる2以上の種類の株式を発行する会社)は, 株式の種類の追加, 株式の内容の変更または発行可能株式総数・発行可能種類株式総数の増加を内容とする定款変更を行うにあたり, その定款変更がある種類株式の種類株主に損害を及ぼすおそれがあるときは, 株主総会の特別決議に加えて, その種類株式の種類株主を構成員とする種類株主総会(その種類株主に係る株式の種類が2以上ある場合は, 株式の種類毎に区分した種類株主総会)の決議を経なければならない(322条1項1号)。

イ．**誤　り。** 種類株式発行会社が, ある種類の株式の発行後に定款を変更して, 当該種類株式を取得請求権付種類株式(108条1項5号)に変更しようとする場合には, 定款変更の原則どおり, 株主総会の特別決議で足りる(466条, 309条2項11号)。取得条項付種類株式(108条1項6号)に変更しようとする場合のような当該種類株主全員の同意(111条1項)は必要ない。取得請求権付種類株式は, 種類株主に選択権を与えるだけで, 有利とはなれ, 不利益にはならないからである。

ウ．**正しい。** 会社は, 株主総会(取締役会設置会社(2条7号)では, 株主総会または取締役会。清算人会設置会社(478条8項)では, 株主総会または清算人会)において決議すべき事項に関し, 当該決議のほか, その種類株主総会の決議を要する種類株式を発行することができる(108条1項8号)。この場合, 定款には, その種類株主総会の決議があることを必要とする事項, および, 必要とする条件を定めるときはその条件を, 規定しておかなければならない(108条2項8号)。このような定款規定が設けられているときは, 当該事項につき, 株主総会, 取締役会または清算人会の決議のほか, 当該種類株式の種類株主総会決議がなければ効力を生じない(323条本文)。

エ．**誤　り。** 種類株式発行会社は, 定款において, ある種類株式につき種類株主総会の決議を要しない旨の規定を設けることができる(322条2項3項)。この場合には, 単元株式数についての定款変更および322条1項1号の2から13号に定める行為につき(合併・7号, 株式交換・11号, 株式移転・13号), 種類株主総会の決議は不要である。これは, 組織再編行為などが円滑に進められることに配慮したものである。もっとも, 当該種類株式発行後に, このような定款規定を設けることは, その種類株主にとって不利益になる可能性があるので, 定款変更にはその種類株主全員の同意が必要となる(322条4項)。

以上より, 正しいものはアとウであることから, 正解は2となる。

IV
機
関

 問題 **32**

**本問のポイント**　取締役

**▼解　説▼**

ア．**誤　り**。発起人の資格に制限はないので，法人も発起人になることができるが，取締役の資格には制限があり，法人は取締役となることはできない(331条1項1号)。

イ．**正しい**。会社は，株主総会・取締役会・清算人会において決議すべき事項につき，その決議のほか，当該種類の株式の種類株主を構成員とする種類株主総会の決議が必要である点において，他と内容の異なる株式を発行することができる(108条1項8号)。株主総会等の決議事項につき，その種類の株式の種類株主を構成員とする種類株主総会の決議がない限り，株主総会等の決議の効力が生じない(323条本文)という意味で拒否権が与えられることから，この種類株式は，一般に拒否権付種類株式と呼ばれている。拒否権付種類株式は，取締役・監査役選任権付種類株式(108条1項9号)と異なり，発行できる会社が限定されていないし(指名委員会等設置会社および公開会社では取締役・監査役選任権付種類株式を発行することはできない。108条1項柱書ただし書参照)，また，拒否権の対象とすべき事項も特に法定されていない。したがって，公開会社においても，取締役の選任を種類株主の拒否権の対象とすることができる。

ウ．**誤　り**。取締役の任期は，原則として，選任後2年以内に終了する事業年度のうち最終のものに関する定時株主総会の終結の時までであるが(332条1項本文)，非公開会社(監査等委員会設置会社および指名委員会等設置会社を除く)は，定款によって，取締役の任期を選任後10年以内に終了する事業年度のうち最終のものに関する定時株主総会の終結の時まで伸長することができる(332条2項)。非公開会社において，取締役の任期を伸長できるのは，企業の実態(同族会社や個人企業的色彩)を考慮したものである。しかし，非公開会社においても，取締役の任期を終身とすることはできない。

エ．**正しい**。株主総会の目的である事項が2人以上の取締役の選任である場合には，株主は，定款に別段の定めがあるときを除き，会社に対し，累積投票(342条3項〜5項)によることを請求することができる(342条1項)。累積投票とは，各株主が1株(1単元)につき選任すべき取締役の数と同数の議決権を持ち(ex. 取締役を3人選任するのであれば，1株あたり3議決権)，その議決権のすべてを1人の取締役候補者に集中的に投票してもよいという方法である(342条3項)。一種の比例代表制であり，累積投票制度を採用すれば，少数派も自派から取締役を選任することが可能となる。

以上より，正しいものはイとエであることから，正解は5となる。

**本問のポイント**　取締役会

**▼解　説▼**

ア．**正しい**。取締役会の招集通知は，開催日の1週間前までに，各取締役（監査役設置会社にあっては，各取締役および各監査役）に対してその通知を発しなければならない。ただし，定款でさらに短い期間に短縮することができる（368条1項）。

イ．**誤　り**。取締役会は，原則として，各取締役が招集する（366条1項本文）。ただし，取締役会を招集する取締役を定款または取締役会で定めたときは，その取締役が招集する（366条1項ただし書）。この場合には，招集権を持たない取締役は，招集権者に対し，取締役会の目的である事項を示して，取締役会の招集を請求することができ（366条2項），招集権者が，招集手続を取らない場合（∵請求があった日から5日以内に，その請求があった日から2週間以内の日を取締役会の日とする取締役会の招集の通知が発せられない場合）には，請求をした取締役が取締役会を招集することができる（366条3項）。これは，取締役会の監督機能（362条2項2号）を果たさせるためである。

ウ．**誤　り**。取締役会において，取締役は，代理人によって議決権を行使することはできない。これは，取締役は個人的信頼に基づき選任されているという理由に基づく。したがって，「取締役の過半数の同意がある場合」には代理人による議決権行使が認められるとしている点で，本記述は誤りである。

エ．**正しい**。監査役設置会社（2条9号）における監査役は，取締役が不正の行為をし，もしくは当該行為をするおそれがあると認めるとき，または法令もしくは定款に違反する事実もしくは不当な事実があると認めるときは，遅滞なく，その旨を取締役（取締役会設置会社にあっては，取締役会）に報告しなければならない（382条）。取締役への報告義務（382条）を果たすために必要ならば，取締役会を招集することができる（取締役会招集請求権・招集権，383条2項3項）。監査役による取締役会招集請求権・招集権が認められている反面として，監査役設置会社の株主には取締役会招集請求権はない（367条1項かっこ書）。

以上より，正しいものはアとエであることから，正解は3となる。

IV
機

関

**本問のポイント** 取締役会の権限

**▼解 説▼**

ア．**正しい。**362条2項は「取締役会は，次に掲げる職務を行う。」と規定し，代表取締役の選定および解職を挙げている（362条2項3号）。

イ．**誤 り。**株主総会の権限である。180条2項は「株式会社は，株式の併合をしようとするときは，その都度，株主総会の決議によって，次に掲げる事項を定めなければならない。」と規定し，株式の併合を株主総会の権限としている。なお，その株主総会の決議は特別決議である（309条2項4号）。

ウ．**正しい。**362条4項は「取締役会は，次に掲げる事項その他の重要な業務執行の決定を取締役に委任することができない。」と取締役会の専属的な権限を規定し，取締役の職務の執行が法令および定款に適合することを確保するための体制その他株式会社の業務ならびに当該株式会社およびその子会社から成る企業集団の業務の適正を確保するために必要なものとして法務省令で定める体制の整備を挙げている（362条4項6号）。

エ．**誤 り。**他の会社の事業の全部を譲り受ける場合には，株主総会の特別決議による当該契約の承認が必要である（467条1項3号, 309条2項11号）。吸収合併の存続会社に近い立場に立つからである。

以上より，正しいものはアとウであることから，正解は2となる。

**本問のポイント** 取締役の報酬等

## ▼解 説▼

ア．**誤 り**。取締役の報酬等(＝報酬，賞与その他の職務執行の対価として株式会社から受ける財産上の利益。361条1項柱書)は，お手盛り防止のため，定款または株主総会の決議で定めなければならない(361条1項柱書1号～6号)。そして，361条1項各号に掲げる事項を定め，またはこれを改定する議案を株主総会に提出した取締役は，当該株主総会において，当該事項を相当とする理由を説明しなければならない(361条4項)。報酬等のうち額が確定している場合(361条1項柱書1号)も，説明義務がある。この点，令和元年改正前は，報酬等が不確定な金額で与えられる場合(令和元年改正前361条1項2号)，または，金銭以外のもので与えられる場合(令和元年改正前361条1項3号)のみ，説明義務が課されていたが，同改正により説明義務の範囲が拡大した。これは，近年では，取締役に報酬等を確定額・不確定額，金銭・非金銭を組み合わせて付与することが多く，確定額である金銭の報酬等の額が株主総会に示されただけでは，そのような報酬等を定めることの必要性と合理性を株主が適切に判断できないからである。

イ．**正しい**。取締役の報酬等として，当該株式会社の株式または新株予約権を付与しておけば，それらの時価が上がるほど利益が大きくなるので，取締役に企業価値を増加させるようなインセンティブを与えることができる。ただ，当該株式会社の株式または新株予約権を報酬等とする場合には，既存株主の持ち株比率の低下や，希釈化による経済的損失が生ずる可能性がある。そのため，報酬等として株式や新株予約権を与える場合には，その必要性と合理性を株主が適切に判断できるように具体的な内容を明確にする必要がある。そこで，令和元年会社法改正は，取締役の報酬等として当該株式会社の株式または新株予約権を付与しようとする場合には，定款または株主総会の決議により，当該株式または新株予約権の数の上限その他法務省令で定める事項を定めなければならないとしている(361条1項3号～5号)。

ウ．**正しい**。最判平4.12.18は，「株式会社において，定款又は株主総会の決議(株主総会において取締役の報酬の総額を定め，取締役会において各取締役に対する配分を決議した場合を含む。)によって取締役の報酬額が具体的に定められた場合には，その報酬額は，会社と取締役間の契約内容となり，契約当事者である会社と取締役の双方を拘束するから，その後株主総会が当該取締役の報酬につきこれを無報酬とする旨の決議をしたとしても，当該取締役は，これに同意しない限り，右報酬の請求権を失うものではないと解するのが相当である。この理は，取締役の職務内容に著しい変更があり，それを前提に右株主総会決議がされた場合であっても異ならない。」と判示している。つまり，契約は守らなければならないから，同意がない限り無報酬とすることはできない。

エ．**誤  り**。取締役の報酬等は，取締役に対して職務を適切に執行するインセンティブを付与するための手段でもあり，株主や投資家にとっては，お手盛りの防止のみならず，報酬等の内容や条件も適切なものかも重要な関心事である。そこで，令和元年会社法改正は，報酬等の決定手続の透明性を向上させるために，①公開会社であり，かつ，大会社である監査役会設置会社であって，金融商品取引法24条１項の規定により有価証券報告書を提出しなければならないもの（361条７項１号）または②監査等委員会設置会社（361条７項２号）の取締役会は，取締役の個人別の報酬等の内容が定款または株主総会の決議により定められていない場合には，取締役の個人別の報酬等の内容についての決定に関する方針として法務省令（施行規則98条の５）で定める事項を決定しなければならないとしている（361条７項，399条の13第５項７号）。指名委員会等設置会社では，従来から，報酬委員会は，執行役等の個人別の報酬等の内容に係る決定に関する方針を定めなければならないとされていた（409条１項２項）。

以上より，正しいものはイとウであることから，正解は４となる。

IV
機

関

**問題 36**

正解 **1**

**本問のポイント** 表見代表取締役

**▼解　説▼**

ア．**正しい**。取締役や代表取締役について，その者の株主総会における取締役選任手続，または取締役会における代表取締役選定決議に瑕疵があり，それが後になって無効とされた場合，その者は「取締役」ではなかったことになる。しかし，その者がなした行為については，外観に対する信頼を保護し，取引の安全を図る必要がある。そこで，最高裁判所の判決は，この場合についても354条の類推適用を肯定している（最判昭56．4．24）。

イ．**正しい**。会社の使用人は，「取締役」には該当しない。しかし，会社を代表する権限を有するものと認められるような名称を使用した者が取締役でなくても，相手方の信頼保護の要請は同様に生じる。そこで，会社の使用人が，代表取締役の承認のもとに代表取締役の名称を使用してなした行為についても，354条の表見代表取締役の規定が類推適用される余地がある（最判昭35．10．14）。

ウ．**誤　り**。外観への帰責性には，名称の積極的な付与（明示の許諾）だけでなく，名称使用の事実の黙認も含む。代表取締役が当該事実を知りながら放置していた場合や取締役の多数が承認していた場合には，会社の黙認（黙示の許諾）があったといえる（最判昭52．10．14）。

エ．**誤　り**。354条は，「善意の第三者」に対して会社が責任を負うと規定しており，無過失であることを要件とはしていない。商取引の大量・迅速性から，主観的要件を緩和する必要があるからである。しかし，本条は，第三者の正当な信頼を保護しようとするものであり，第三者に重大な過失がある場合は，本条によって保護するに値しないといえる。そこで，第三者に重大な過失があるときは，悪意の場合と同視して，会社の責任は否定される（最判昭52．10．14）。

以上より，正しいものはアとイであることから，正解は１となる。

問題 **37**

| 本問のポイント | 競業取引・利益相反取引

**▼解　説▼**

ア．**誤り**。取締役が，自己または第三者のために株式会社の事業の部類に属する取引（競業取引）をするには，事前に株主総会（取締役会設置会社では取締役会）の承認を受けなければならない（356条1項1号，365条1項）。取締役が365条1項の規定に違反して，つまり取締役会の承認を受けずに，競業取引をした場合には，それにより取締役または第三者が得た利益の額は，株式会社に生じた損害の額と推定される（423条2項）。会社の損害は，違反行為がなければ本来取得できたであろう利益であるので，損害額の立証が極めて困難であるため，推定規定が設けられた。なお，任務を怠ったものと，会社法上，推定されるのは，利益相反取引によって会社に損害が生じた場合である（423条3項）。

イ．**正しい**。取締役と会社間の取引は取締役が自ら会社を代表する場合はもちろん，他の取締役が会社を代表する場合も容易に結託して会社の利益を犠牲にして自己または第三者の利益を図るおそれが大きい。そこで，取締役が会社との間で取引をするには（＝直接取引），株主総会（取締役会設置会社では取締役会）の承認を受けなければならない（356条1項2号，365条1項）。しかし，取締役が会社に無利息・無担保で貸付けを行う行為は，会社利益を害するおそれはないから，承認は不要である。最判昭38.12.6は，「取締役が自己又は第三者のためにその会社と取引をなすには取締役会の承認を要する旨規定するのは，会社と取締役個人との間の利害衝突から会社の利益を保護することをその目的とするものであるところ，取締役がその会社に対し無利息，無担保で金員を貸付ける行為は，特段の事情のない限り会社の利益にこそなれ不利益であるとはいえないから，取締役会の承認を要しないものと解するのを相当とする」と判示している。

ウ．**誤り**。423条3項には423条2項の場合とは異なり「違反して」という文言はない。そして，「当該取引に関する取締役会の承認の決議に賛成した取締役」（423条3項3号）も任務を怠ったものと推定されることから分かるように，承認があった場合も（承認がなかった場合も），任務懈怠の推定が及ぶ（423条3項柱書）。たとえば，株主総会あるいは取締役会の承認を得て適法になされた取引であっても，対価の不当，契約違反（ex. 株式会社に代金を支払わなかった）などの事由により株式会社に損害が生ずれば，任務懈怠の推定が及ぶ。そこで，任務懈怠がなかったことや，過失がなかったことの証明ができない限り（428条参照），株式会社に対する損害賠償責任を負う。なお，監査等委員会設置会社については，利益相反取引につき監査等委員会の承認を受けたときは，423条3項の推定規定が適用されないことに注意すること（423条4項）。

エ．**正しい**。自己のために利益相反取引の直接取引をした取締役（執行役も同じ）の責任は，無過失責任である。すなわち，任務を怠ったことが当該取締役または執

行役の責めに帰することができない事由（∵過失がない）によるものであること
をもって，免れることができない（428条1項）。責任の一部免除も認められない
（428条2項）。自己のための直接取引は，株式会社の利益を犠牲にして自己の利
益を図る危険性が大きい行為なので，それを抑止するため重い無過失責任とした
のである。過失の有無にかかわらず，株式会社の損害の範囲で，利益を吐き出さ
せる趣旨である。

以上より，正しいものはイとエであることから，正解は5となる。

IV
機

関

## 問題 38

**本問のポイント** 監査役

**▼解　説▼**

ア．**誤　り**。会社はいつでも理由のいかんを問わず監査役を株主総会の特別決議で解任することができる（339条1項，309条2項7号）。したがって，本記述は「正当な理由に基づく解任であることが必要である」とする点が誤っている。

イ．**正しい**。公開会社でない株式会社が監査役の監査の範囲を会計に関するものに限定する旨の定款の定め（389条1項）を廃止した場合，当該定款変更の効力が生じた時に当該監査役の任期は満了する（336条4項3号）。監査の範囲が広がり，それに見合った能力を有する監査役を選任する機会を与えるためである。

ウ．**正しい**。監査役は，株式会社もしくはその子会社の取締役もしくは支配人その他の使用人または当該子会社の会計参与（会計参与が法人であるときは，その職務を行うべき社員）もしくは執行役を兼ねることができない（335条2項）。監査する者と監査される者が同一であっては，監査の実があがらないからである。親会社の監査役には子会社調査権があるため（381条3項），かかる趣旨が妥当する。したがって，親会社の監査役は，子会社の取締役になれない。これに対して，親会社の取締役が，子会社の監査役になることを禁止する規定はない。子会社の監査役は，親会社を調査する権限はないので，上述の趣旨が妥当しないからである。親会社の取締役は，子会社の監査役になることができる。

エ．**誤　り**。会社の支配人は，監査役を兼ねることはできない（335条2項）。この点は正しい。しかし，最高裁判所の判決（最判平元.9.19）は，会社の顧問弁護士が「使用人」に該当するかどうかを明らかにすることなく，その監査役選任決議は有効としている。

　以上より，正しいものはイとウであることから，正解は4となる。

**本問のポイント**　監査役会

**▼解　説▼**

ア．**誤　り**。監査役会設置会社においては，監査役は，３人以上で，そのうち「半数以上」は，社外監査役（２条16号）でなければならない（335条３項）。

イ．**正しい**。監査役会は，監査役の過半数による決議により，監査の方針，監査役会設置会社の業務および財産の状況の調査の方法その他の監査役の職務の執行に関する事項の決定をすることができる（390条２項３号，393条１項）。しかし，監査役会の決定は，監査役の権限の行使を妨げることはできない（390条２項柱書ただし書）。監査役会が設けられたとしても，監査役の独任制（各自が単独でその権限を行使できるということ）は維持すべきだからである。

ウ．**正しい**。代表取締役が監査役選任の議案を株主総会に提出するためには，監査役会の同意を得なければならない（343条１項３項）。これは，取締役からの独立性を強化するためである。なお，監査役会は，監査役選任の議題または議案の株主総会への提出を取締役に請求することもできる（343条２項３項）。

エ．**誤　り**。監査役設置会社（２条９号）において，取締役の責任を一部免除する議案を株主総会に提出するには，監査役（監査役が２人以上ある場合は各監査役）の同意を得なければならない（425条３項１号）。これは，不当に取締役の責任を軽減しないようにするためである。もっとも，監査役全員の同意が必要であるが，監査役会設置会社（２条10号）でも，監査役会の決議（393条参照）は必要とされていない。

以上より，正しいものはイとウであることから，正解は４となる。

IV
機

関

**問題 40**

| 本問のポイント | 会計監査人 |

**▼解 説▼**

ア. **正しい**。会計監査人は，株主総会の決議によって選任・解任される(329条1項，339条1項。なお，340条1項4項5項6項，346条4項6項7項8項に注意)。平成26年改正前は，その議案は，取締役・取締役会が決定するが，監査役(監査役が2人以上ある場合にあっては，その過半数)の同意が必要とされていた(平成26年改正前344条1項)。しかし，会計監査人に適正な会計監査を実行させるためには，経営者からの独立性を確保しておく必要がある。そこで，平成26年改正法は，会計監査人の経営者からの独立性を強化するため，監査役(会)設置会社において，会計監査人の選任・解任・再任しないことに関する議案の内容の決定権を監査役(会)に与えることにした(344条1項～3項)。議案の内容は，監査役が2人以上ある場合には監査役の過半数をもって(344条2項)，監査役会設置会社の場合は監査役会が決定する(344条3項)。なお，株主総会に提出する会計監査人の選任・解任・再任しないことに関する議案の内容は，指名委員会等設置会社では監査委員会が決定し(404条2項2号)，監査等委員会設置会社では監査等委員会が決定する(399条の2第3項2号)。

イ. **正しい**。会計監査人は，選任・解任・不再任・辞任について，株主総会に出席して意見を述べることができる(345条1項5項)。会計監査人の独立性確保のためである。

ウ. **誤 り**。会計監査人の報酬等は，定款または株主総会の決議によって定める必要はない(361条1項，379条1項，387条1項参照)。しかし，取締役が，会計監査人または一時会計監査人の職務を行うべき者の報酬等を定める場合には，監査役(監査役が2人以上ある場合にあっては，その過半数)の同意を得なければならない(399条1項)。会計監査人の経営陣からの独立性を確保するためである。なお，監査役会設置会社では監査役会(399条2項)，監査等委員会設置会社では監査等委員会(399条3項)，指名委員会等設置会社では監査委員会(399条4項)の同意が必要である。

エ．**誤　り**。監査役は，会計監査人が①「職務上の義務に違反し，又は職務を怠ったとき」，②「会計監査人としてふさわしくない非行があったとき」，③「心身の故障のため，職務の執行に支障があり，又はこれに堪えないとき」のいずれかに該当するときは，その会計監査人を解任することができる(340条1項)。監査役が2人以上ある場合には，監査役の全員の同意によって解任が行われる(340条2項)。監査役会設置会社の場合には監査役会が，「監査役の全員の同意」によって，解任する(340条4項)。株主総会の開催を待たず，迅速に対応する必要があるからである。なお，監査等委員会設置会社については340条5項，指名委員会等設置会社については340条6項参照。

以上より，正しいものはアとイであることから，正解は1となる。

Ⅳ
機

関

**本問のポイント**　　監査等委員会設置会社

▼**解　説**▼

ア．**誤　り**。監査等委員会設置会社とは，監査等委員会を置く株式会社をいう（2条11号の2。監査等委員会については399条の2～参照）。監査等委員会設置会社は，指名委員会等設置会社と同様に，経営者から影響を受けない社外取締役（2条15号）によって，経営者に対する監査・監督を強化しようとする制度である。そのため，指名委員会等設置会社における各委員会の委員と同じく，監査等委員は取締役でなければならず（399条の2第2項），その員数は3人以上で，その「過半数」は，社外取締役でなければならない（331条6項）。

イ．**正しい**。監査等委員会は，取締役（会計参与設置会社にあっては，取締役および会計参与）の職務の執行の監査を行う（399条の2第3項1号）。その任務を果たすためには，監査等委員の地位が経営者から独立している必要がある。そこで，監査等委員会設置会社においては，株主総会における取締役の選任（329条1項）は，監査等委員である取締役とそれ以外の取締役とを区別してしなければならない（329条2項）。そして，取締役は，監査等委員である取締役の選任に関する議案を株主総会に提出するには，監査等委員会の同意を得なければならない（344条の2第1項）。

ウ．**正しい**。監査等委員会は，取締役（会計参与設置会社にあっては，取締役および会計参与）の職務の執行の監査を行う（399条の2第3項1号）。監査の対象となる業務を執行する取締役の支配下にあったのでは，有効な監査は期待できない。そこで，監査等委員である取締役は，監査等委員会設置会社もしくはその子会社の業務執行取締役もしくは支配人その他の使用人または当該子会社の会計参与（会計参与が法人であるときは，その職務を行うべき社員）もしくは執行役を兼ねることができない（331条3項）。指名委員会等設置会社の監査委員（400条4項）と同様の兼任禁止を定めたものである。

エ．**誤　り**。監査等委員である取締役の解任は，株主総会の特別決議によらなければならない（309条2項7号，344条の2第3項）。監査役の解任と同様に（309条2項7号），その地位の独立性強化のためである。

　　以上より，正しいものはイとウであることから，正解は4となる。

問題 **42**

正解 **1**

**本問のポイント** 監査等委員会設置会社

**▼解 説▼**

ア．**正しい。** 監査等委員である取締役の選任議案は，取締役会の決議で決定される
ので(298条4項)，取締役会もしくは代表取締役によって事実上監査等委員の選
任が決められ，その結果，監査等委員の経営者からの独立性が脅かされる危険が
ある。そこで，監査等委員である取締役の選任に関する議案を株主総会に提出す
るには，監査等委員会の同意を得なければならない(344条の2第1項)。監査役
の独立性確保のための規定(343条1項3項)にならったものである。

イ．**正しい。** 監査等委員会は，取締役に対し，監査等委員である取締役の選任を株
主総会の目的とすること，または監査等委員である取締役の選任に関する議案を
株主総会に提出することを請求することができる(344条の2第2項)。監査等委
員会が監査等委員の人事に積極的に関与してその独立性を確保する趣旨であり，
監査役の独立性確保のための規定(343条2項3項)にならったものである。

ウ．**誤 り。** 監査等委員以外の取締役の任期は，原則として，選任後「1年」以内に
終了する事業年度のうち最終のものに関する定時株主総会の終結のときまでであ
るが，定款または株主総会の決議によって，その任期を短縮することができる
(332条1項3項)。なお，監査等委員である取締役の任期は，原則として，選任
後「2年」以内に終了する事業年度のうち最終のものに関する定時株主総会の終結
のときまでであり，定款または株主総会の決議によって，その任期を短縮するこ
とができない(332条1項4項)。監査等委員である取締役の任期をそれ以外の取
締役よりも長期間とし，監査役(332条1項ただし書と336条1項を対比せよ)と同
様に，任期を短縮することができないのは，その地位の独立性強化のためであ
る。

エ．**誤 り。**「監査等委員会が選定する」監査等委員は，株主総会において，監査等
委員である取締役以外の取締役の選任・解任・辞任について監査等委員会の意見
を述べることができる(342条の2第4項)。監査等委員会には，指名委員会等設
置会社における指名委員会のような取締役の選任・解任に関する議案の内容の決
定権限はない(404条1項)が，社外取締役が過半数を占める監査等委員会が人事
についての経営評価を通じて影響を及ぼすことを認めたものである。なお，各監
査等委員は，監査等委員である取締役の選任・解任・辞任に際し，株主総会にお
いて意見を述べることができる(342条の2第1項)。監査役の独立性確保の規定
(345条1項2項4項)と同趣旨の規定である。

以上より，正しいものはアとイであることから，正解は1となる。

Ⅳ
機

関

 **問題 43**

**本問のポイント**　監査等委員会設置会社

**▼解 説▼**

ア．**誤 り**。監査等委員会設置会社の取締役会は，取締役(監査等委員である取締役を除く)の中から代表取締役を選定しなければならない(399条の13第1項3号3項)。監査等委員会設置会社は，監査・監督の仕組みとして，監査役会の代わりに3人以上の取締役(過半数は社外取締役)で構成される監査等委員会を設けたもので，業務執行に関しては監査役会設置会社と基本的に同じである(399条の13第1項3号3項⇔362条2項3号3項)。

イ．**正しい**。監査等委員会設置会社の取締役会は，原則として，重要な業務執行の決定を取締役に委任することができない(399条の13第4項⇔362条4項)。ただし，監査等委員会設置会社の取締役の過半数が社外取締役である場合(∵取締役会における取締役の過半数が社外取締役)には，取締役会は，その決議によって，重要な業務執行(指名委員会等設置会社において，執行役に決定の委任をすることができないものとされている事項を除く)の決定を取締役に委任することができる(399条の13第5項)。なお，取締役会の決議によって重要な業務執行(指名委員会等設置会社において，執行役に決定の委任をすることができないものとされている事項を除く)の全部または一部の決定を取締役に委任することができる旨を定款で定めることができる(399条の13第6項)。

ウ．**正しい**。監査等委員である取締役の報酬等は定款で定めていないときは，株主総会の決議によって定めるが(361条1項)，監査役の報酬等(387条)と同様に経営陣からの独立性を図るための規定が置かれている。つまり，監査等委員会設置会社では，取締役の報酬等は，報酬の決定を通じた経営者の圧力で，監査等委員の経営者からの独立性が損なわれるのを防止するため，監査等委員である取締役とそれ以外の取締役とを区別して定めなければならない(361条2項)。そして，監査等委員である各取締役の報酬等について定款の定めまたは株主総会の決議がないときは，当該報酬等は，報酬等の範囲内において，監査等委員である取締役の協議によって定める(361条3項)。

エ．**誤 り**。取締役(監査等委員であるものを除く)と株式会社との利益相反取引(356条1項2号3号)について，監査等委員会が承認した場合には，取締役の任務懈怠の推定(423条3項)は適用されない(423条4項)。

　以上より，正しいものはイとウであることから，正解は4となる。

**本問のポイント**　　執行役

**▼解　説▼**

ア．**誤　り**。執行役は，取締役会の要求があったときは，取締役会に出席し，取締役会が求めた事項について説明をしなければならない(417条5項)。取締役会は，執行役の職務の執行の監督(416条1項2号)にあたって必要なときは，取締役会に執行役の出席を求め，質問することができるのであり，取締役会の要求の有無にかかわらず，執行役が取締役会に出席する義務を負っているわけではない。

イ．**誤　り**。利益相反取引によって取締役会設置会社に損害が生じた場合には，当該取引に関する取締役会の承認決議(365条1項)に賛成した取締役は，任務を怠ったものと推定される(423条3項3号)。これは，取引の危険性の大きさから，慎重な判断を要求する趣旨である。ただし，指名委員会等設置会社においては，当該取引が指名委員会等設置会社と取締役との間の取引または指名委員会等設置会社と取締役との利益が相反する取引である場合に限られる(423条3項3号かっこ書)。執行役の行う利益相反行為(416条4項6号，419条2項)については，執行役等の職務の執行の監督機関(416条1項2号)の構成員として疑いの目をもって見るのが通常であるから，馴合いの起こりやすい仲間同士の利益相反行為について慎重な判断を要求する趣旨である。

ウ．**正しい**。執行役の選任・解任は，取締役会の決議をもって行う(402条2項，403条1項)。指名委員会等設置会社では，業務執行の決定権限を執行役に大幅に委任することを認める代わりに(416条4項本文)，取締役会の監督権限を強化している。かかる監督権限の実効性をあげるために，執行役の選任・解任権は取締役会の専決事項とされている(416条4項9号)。そして，取締役会により解任された執行役は，その解任について正当な理由がある場合を除き，指名委員会等設置会社に対し，解任によって生じた損害の賠償を請求することができる(403条2項)。

エ．**正しい**。執行役は，3箇月に1回以上，自己の職務の執行の状況を取締役会に報告しなければならない(417条4項前段)。この場合において，執行役は，代理人(他の執行役に限る)により当該報告をすることができる(417条4項後段)。代理人が他の執行役に限られる点に注意すること。執行役でないと，充分に業務執行の状況を取締役会に報告できないからである。

以上より，正しいものはウとエであることから，正解は6となる。

Ⅳ
機

関

**本問のポイント** 指名委員会・報酬委員会

**▼解 説▼**

ア．**誤 り**。指名委員会は，株主総会に提出する取締役の選任および解任に関する議案の内容を決定する権限を有する(404条1項)。しかし，執行役の選任および解任に関する議案の内容を決定する権限は有していない。指名委員会等設置会社では，業務執行の決定権限を執行役に大幅に委任(416条4項柱書本文)することを認める代わりに，取締役会の監督権限を強化している。かかる監督権限の実効性を挙げるために，執行役の選任・解任権は取締役会の専決事項とされている(402条2項, 416条4項10号)。

イ．**正しい**。指名委員会等設置会社においては，報酬委員会が執行役・取締役・会計参与が受ける個人別の報酬の内容を決定する(404条3項前段)。404条3項は，361条の「規定にかかわらず」としており，定款または株主総会決議で取締役等の報酬を定める必要はない。

ウ．**正しい**。執行役が指名委員会等設置会社の支配人その他の使用人を兼ねているときは，当該支配人その他の使用人の報酬等の内容についても，報酬委員会が決定する(404条3項後段)。

エ．**誤 り**。指名委員会および報酬委員会は，取締役3人以上で組織し(400条1項2項)，その過半数が社外取締役(2条15号)であることが要求されるにとどまり(400条3項)，執行役である取締役もなることができる。

以上より，正しいものはイとウであることから，正解は4となる。

**本問のポイント**　監査委員会

**▼解　説▼**

ア．**誤　り**。指名委員会等設置会社では，取締役会の内部機関として，必ず，指名委員会，監査委員会，報酬委員会の3つの委員会を設置しなければならない(2条12号)。そして，各委員会は，それぞれ取締役3人以上で組織する。ただし，各委員会につき，その過半数は，社外取締役(2条15号)でなければならない(400条3項)。社外取締役は，委員の過半数を占めていればよいので，本記述は誤っている。

イ．**正しい**。監査委員会を組織する監査委員については，資格要件が厳しい。社外取締役が過半数を占め(400条3項)，かつ，全員が，当該会社・子会社の執行役など業務執行を行う者と兼任することはできない(400条4項,331条4項,333条3項1号)。業務担当者が監査委員を兼ねることになると，監査する者と監査される者が同一の者となり，監査の実があがらないからである。

ウ．**誤　り**。監査委員会が選定する監査委員は，いつでも，指名委員会等設置会社の業務および財産の状況を調査することができるが(405条1項)，調査に関する事項について監査委員会の決議があるときは，決議に従わなければならない(405条4項)。指名委員会等設置会社においては，取締役・執行役の職務の執行を監査する権限は監査委員会にあり(404条2項1号)，監査委員会(その過半数は社外取締役)は，組織として，取締役会が定めた内部統制システムを通じて職務の執行を行う(416条1項1号ロ，施行規則112条1項)。

エ．**正しい**。指名委員会等設置会社においては，株主総会に提出する会計監査人の選任の議案の内容の決定権限は，取締役会ではなく，監査委員会にある(404条2項2号)。

以上より，正しいものはイとエであることから，正解は5となる。

Ⅳ
機

関

**本問のポイント**　債権者の閲覧請求権

**▼解　説▼**

ア．**正しい。**株主および債権者は，その営業時間内は，いつでも，定款および株主
総会議事録の閲覧の請求をすることができる（31条2項1号,318条4項1号）。ま
た，株式会社の親会社社員（親会社の株主その他の社員をいう）も，その権利を行
使するため必要があるときは，裁判所の許可を得て，当該株式会社の定款および
株主総会議事録の閲覧の請求をすることができる（31条3項,318条5項）。

イ．**誤　り。**株主および債権者は，株式会社の営業時間内は，いつでも，計算書類
の閲覧の請求をすることができる（442条3項1号）。また，株式会社の親会社社
員も，その権利を行使するため必要があるときは，裁判所の許可を得て，当該株
式会社の計算書類の閲覧の請求をすることができる（442条4項）。

ウ．**正しい。**総株主（株主総会において決議をすることができる事項の全部につき
議決権を行使することができない株主を除く）の議決権の100分の3（これを下回
る割合を定款で定めた場合にあっては，その割合）以上の議決権を有する株主・
発行済株式（自己株式を除く）の100分の3（これを下回る割合を定款で定めた場合
にあっては，その割合）以上の数の株式を有する株主は，株式会社の営業時間内
は，いつでも，会計帳簿の閲覧の請求をすることができる（433条1項1号）。ま
た，株式会社の親会社社員も，その権利を行使するため必要があるときは，裁判
所の許可を得て，会計帳簿の閲覧の請求をすることができる（433条3項）。しか
し，債権者は，会計帳簿の閲覧の請求をすることができない。

エ．**誤　り。**株主および債権者は，株式会社の営業時間内は，いつでも，新株予約
権原簿の閲覧の請求をすることができる（252条2項1号）。債権者であれば，誰
でも閲覧の請求をすることができるのであり，新株予約権付社債の社債権者のみ
に限定されるわけではない。

　以上より，正しいものはアとウであることから，正解は2となる。

**本問のポイント**　資本金・準備金の額

## ▼解　説▼

ア．**誤　り**。資本金の額は，原則として，設立または株式の発行に際して株主となる者が株式会社に対して払込み・給付をした財産の額の総額である(445条1項)。そこで，募集事項として，「株式を発行するときは，増加する資本金及び資本準備金に関する事項」を定めなければならない(199条1項5号)。しかし，自己株式の処分は「株式の発行」にあたらないから(199条1項柱書)，増加する資本金および資本準備金に関する事項を定める必要はない。

イ．**正しい**。株式会社は，剰余金の額を減少して，準備金(451条1項)に組み入れることができるが，本来，配当の対象となる剰余金を配当のできない準備金(446条1号ニ参照)に移すことになるので，株主総会の普通決議が必要となる(451条2項，309条1項)。

ウ．**誤　り**。資本金は，会社財産を確保するための基準となる一定の金額であり(446条1号ニ参照)，その減少は，会社財産の流出を容易にし，会社債権者の利益に重大な影響を与える。そのため，資本金の額を減少する際には，例外なく債権者異議手続をとらなければならない(449条1項本文)。なお，エ．の解説中の②参照。

エ．**正しい**。準備金の額を減少する場合にも，原則として，債権者異議手続が必要である(449条1項柱書)。しかし，準備金の額の減少には例外規定があり，①減少する準備金の額の全部を資本金とする場合(449条1項柱書第2かっこ書)，②定時株主総会の決議による準備金の額のみの減少であって，減少する準備金の額がこれを決める定時株主総会の日における欠損の額を超えない場合(449条1項ただし書，計算規則151条)には，債権者異議手続は不要である。準備金の額の減少において，このような例外が認められたのは，①の場合には，準備金の額を減少させて資本金の額を増加させる方が債権者に有利であるといえるし，②の場合も，実質的に会社から財産は流出せず，また　準備金が欠損てん補のために減少することは会社債権者も覚悟すべきだからである。

以上より，正しいものはイとエであることから，正解は5となる。

V　計算等

| 本問のポイント | 剰余金の配当 |

## ▼解　説▼

ア．**正しい**。取締役会設置会社は，１事業年度の途中において１回に限り，取締役会の決議(指名委員会等設置会社でも執行役に委任できない(416条４項17号))によって剰余金の配当をすることができる旨を定款で定めることができる(中間配当，454条５項)。金銭以外の財産を配当することはできない点に注意(454条５項かっこ書)。

イ．**誤　り**。配当財産が金銭以外の財産であり，かつ，株主に対し金銭分配請求権を与えない場合には，株主総会の特別決議が必要となる(454条４項，309条２項10号)。現物配当では即時に現金化できない可能性があり，現金で配当を受けたいと考えていた株主の利益を害するからである。しかし，株主に対し金銭分配請求権を与える場合には株主に不利益が生じないことから，特別決議は要求されていない。この場合には，株主総会の普通決議に基づいて現物配当を行うことができる。

ウ．**正しい**。配当財産の種類は，剰余金の配当をしようとするときに，その都度，配当決議によって定めることができる(454条１項１号)。したがって，原則として，金銭以外の財産を配当の目的物とすることが可能であるが，当該会社の株式等(株式，社債，新株予約権。107条２項２号ホ参照)を目的物とすることはできないとされている(454条１項１号かっこ書)。これらの財産については，株式無償割当ての制度等，別に規定が設けられているからである(185条，277条，676条参照)。

エ．**誤　り**。分配可能額を超えて剰余金の配当をした場合に，剰余金の配当の決定に係る株主総会において剰余金の配当に関する事項について説明をした取締役は，会社に対し，違法に分配した額(交付をした金銭等の帳簿価額に相当する金銭)を支払う義務を負う(462条１項，計算規則159条８号ロ)。株主総会において説明をした取締役は，株主総会が461条１項８号違反の決議をすることに大きく寄与していると評価できる一方で，そのような取締役もその職務を行うについて注意を怠らなかったことを証明したときには支払義務を負わないこととされている。このような者を責任主体に含めても酷ではないと考えられることから，本規定は設けられた。

以上より，正しいものはアとウであることから，正解は２となる。

**本問のポイント**　事業の譲渡

**▼解　説▼**

ア．**誤り**。株式会社が他の会社の事業を譲り受ける場合に，株主総会の特別決議が必要となるのは，他の会社の事業の「全部の」譲受けの場合である（467条1項3号）。

イ．**誤り**。事業譲渡にあたる場合は，株主総会の特別決議という手続が必要である（467条1項1号2号，309条2項11号）。かかる手続が必要とされた趣旨は，事業譲渡が会社の運命に重大な影響を及ぼし，株主に重大な利害関係があるため，株主の利益保護を図ろうとしたという点にある。そして，かかる手続に違反して，株主総会の特別決議を経なかった場合の効果に関して，最高裁判所の判決の立場は，相手方の善意・悪意を問わず，事業譲渡は無効となるとしている（最判昭61.9.11）。

ウ．**正しい**。特別支配関係のある会社間で事業譲渡を行う場合，被支配会社における株主総会の決議は不要である（468条1項）。仮に株主総会を開催したとしても，結論において変わることがないことは明らかであり，むしろ，このような場合には，被支配会社における株主総会の開催を不要とすることにより，迅速かつ簡易な組織再編行為を行うことを可能とすることが望ましいからである。会社間において特別支配関係が認められる場合とは，ある株式会社（被支配会社）の総株主の議決権の90％（被支配会社の定款で加重することは可能）以上を他の会社（特別支配会社）および当該他の会社が発行済株式の全部を有する株式会社その他これに準ずるものとして法務省令で定める法人が有している場合である（468条1項，施行規則136条）。

エ．**正しい**。株式会社が事業の全部を譲渡する場合には，原則として，反対株主に株式買取請求権が与えられている（469条1項）。合併の場合にも，同様に，反対株主の株式買取請求権が認められている（785条，797条，806条）。

以上より，正しいものはウとエであることから，正解は6となる。

**本問のポイント**　　持分会社

**▼解　説▼**

ア．**誤　り**。旧商法では，合資会社の有限責任社員は，会社の業務執行権，代表権を有しないとされていた(旧156条)。しかし，有限責任社員の業務執行を禁ずることに合理的理由はないので，会社法では有限責任社員の業務執行権(590条1項)，代表権(599条1項)を認めた。

イ．**正しい**。業務を執行する社員を定款で定めた場合において，業務を執行する社員が2人以上あるときは，各自会社を代表するのが原則である(599条2項)。ただし，会社は，定款または定款の定めに基づく社員の互選によって，業務を執行する社員の中から会社を代表する社員を定めることができる(599条3項)。

ウ．**誤　り**。定款に別段の定めがない限り，業務を執行する社員は他の社員の全員の承諾を(585条1項)，業務を執行しない有限責任社員は業務を執行する社員の全員の承諾を，それぞれ得なければ持分を譲渡することができない(585条2項)。これは，持分会社では，原則として社員が経営に関与し(590条参照)，また，他の無限責任社員の資力が実質的に無限責任社員自身の危険負担の限度を決めるというように，社員間の信頼関係が重要だからである。なお，以上の取扱いに関しては，定款自治が認められており，たとえば，定款で「当会社の社員が持分を譲渡するには，他の社員の過半数の同意を得なければならない。」旨の定めをすることもできる(585条4項)。

エ．**正しい**。業務を執行する社員が自己または第三者のために持分会社の事業の部類に属する取引をする場合には，当該社員以外の社員の全員の承認が必要となる(594条1項1号)。なお，業務を執行する社員が第三者のために会社と取引をしようとする場合には，当該社員以外の社員の全員の承認までは要求されず，当該社員以外の社員の過半数の承認があれば足りる(595条1項1号)。594条1項および595条1項については，定款で別段の定めをすることができる(594条1項ただし書,595条1項ただし書)。

　以上より，正しいものはイとエであることから，正解は5となる。

**本問のポイント**　　持分会社

**▼解　説▼**

ア．**誤　り**。合名会社および合資会社における社員の加入は，新たな社員の加入に関する定款の変更をした時に生じる(604条1項2項)。これに対し，合同会社が新たに社員を加入させる場合，新たに社員になろうとする者が定款の変更時にその出資に係る払込みまたは給付の全部または一部を履行していないときは，その者は，払込みまたは給付を完了したときに社員となる(604条3項)。合同会社においては，社員が間接有限責任を負うのみなので(576条4項，578条，580条2項かっこ書参照)，会社財産が会社債権者にとっての唯一の担保となる。そこで，会社法は，弁済の財源となる会社財産を確保するために，払込み・給付が完了しない限り新社員加入の効力が生じないこととした。よって，本記述は合同会社につき必ずしも当てはまらないので，誤りとなる。

イ．**正しい**。持分会社の成立後に加入した社員は，その加入前に生じた持分会社の債務についても，これを弁済する責任を負う(605条)。

ウ．**正しい**。持分会社の定款において，存続期間を定めなかったとき，または特定の社員の終身間会社が存続する旨を定めたときは，定款に別段の定めがない限り，各社員は6箇月前までに予告をして，事業年度の終わりに退社することができる(606条1項2項)。さらに，やむを得ない事由がある場合は，各社員はいつでも退社することができる(606条3項)。このような退社が認められる理由として，持分会社の社員は原則として業務執行権および代表権を有するため(590条1項，599条1項)，その意思に反して拘束するのは適当でないこと，また，持分の譲渡が制限されており(585条)，持分譲渡だけでは投下資本の回収の方法として十分ではないため，会社から脱退して持分の払戻しを受けることを認める必要があること等が考えられる。

エ．**誤　り**。持分会社の社員の地位は個性が強いため，社員の死亡は退社事由とされている(607条1項3号)。この場合，定款に「社員が死亡したときは，当該社員の相続人が当該社員の持分を承継する」旨の定めがあれば，相続人が持分を承継することになる(608条1項)。相続人が当然に承継するわけではない。なお，このような定款の定めがある場合には，社員以外の相続人は持分を承継したときにその持分を有する社員となり(608条2項)，会社は，その相続人に係る定款の変更をしたものとみなされる(608条3項)。

以上より，正しいものはイとウであることから，正解は4となる。

正解 **2**

**本問のポイント** 持分会社

**▼解　説▼**

ア．**正しい**。社員の持分を差し押さえた債権者は，事業年度の終了時において当該社員を退社させることができる(609条1項前段)。譲渡等により社員の持分を換価するには，原則として他の社員の承諾が必要となるが(585条参照)，609条1項の規定を利用すれば，社員の持分の差押債権者は，社員を一方的に退社させることで，他の社員の承諾という制約を受けることなく，退社によって社員が受ける持分の払戻請求権により自己の債権の満足を得ることが可能になる。なお，この場合においては，当該債権者は，6箇月前までに持分会社および当該社員にその予告をしなければならない(609条1項後段)。

イ．**誤り**。持分会社の社員の地位は，定款によって定められるものであるから(576条1項4号)，社員が退社する場合，本来ならば当該社員に係る定款の定めを廃止する定款変更が必要である。しかし，社員の退社と同時に定款変更の手続をとることが困難な場合もあるため，会社法は，退社に伴う定款のみなし変更の規定を設けている(610条)。社員が破産手続開始の決定により退社した場合(607条1項5号)には，610条により，当該社員に係る定款の定めを廃止する定款変更があったものとみなされるため，別途，定款変更の手続をとる必要はない。

ウ．**正しい**。持分会社が社員の人的信用を基礎としていることに鑑み，会社法は，退社した社員に対し，退社の登記をする前に生じた持分会社の債務について，従前の責任の範囲内で弁済する責任を負わせている(612条1項)。ただし，この責任は，退社の登記後2年以内に請求または請求の予告をしない持分会社の債権者に対しては，当該登記後2年を経過した時に消滅する(612条2項)。

エ．**誤り**。合同会社が持分の払戻しにより社員に対して交付する金銭等の帳簿価額(持分払戻額)が当該持分の払戻しをする日における剰余金額を超える場合には，当該合同会社の債権者は，当該合同会社に対し，持分の払戻しについて異議を述べることができる(635条1項)。しかし，合名会社・合資会社の債権者は，社員の退社に伴う持分の払戻しについて異議を述べることができない。合名会社・合資会社の債権者は，無限責任社員に対して責任を追及することができるからである。本記述は，「合同」会社ではなく，「持分」会社としている点で誤りである。

以上より，正しいものはアとウであることから，正解は2となる。

**本問のポイント** 社債

**▼解 説▼**

ア．**正しい。** 募集社債の総額は，募集社債に関する重要な事項であるため，公開会社においては，取締役会が決定すべきものとされている（362条4項5号,676条1号）。したがって，当該決定を代表取締役に委任することは認められない。

イ．**正しい。** 募集株式の発行と異なり（208条1項参照），会社が募集社債の払込みを分割払い（数回に分けて募集社債と引換えに金銭の払込みをさせること）とすることは可能である。ただし，この場合には，社債の募集に際し，その旨を募集事項として決定しなければならない（676条12号，施行規則162条1号）。また，募集社債を引き受けようとする者に対してその旨の通知をすることも必要となる（677条1項2号）。

ウ．**誤 り。** 株式については，分配可能額があってはじめて剰余金の配当をすることが可能になる（461条1項8号）。しかし，社債は，契約に基づく債務であるから，株式会社は，分配可能額の有無にかかわらず，社債権者に対して，利息の支払をしなければならない（676条3号5号）。

エ．**誤 り。** 株式の場合，株券を発行するか否かは，すべての株式について同一の扱いをする必要がある（214条）。これに対して，社債の場合，社債券を発行するか否かは，すべての社債について同一とする必要はなく，募集ごとに異なる扱いをすることができる（676条6号）。そして，社債券を発行するか否かは，社債の「種類」を特定する事項の1つとされる（681条1項1号）。

以上より，正しいものはアとイであることから，正解は1となる。

Ⅷ
社

債

**本問のポイント**　社債管理者

**▼解　説▼**

ア．**誤り**。会社は，社債を発行する場合には，社債管理者を定め，社債権者のために，弁済の受領，債権の保全その他の社債の管理を行うことを委託しなければならない(702条本文)。ただし，「必ず」ではなく，例外的に，各社債の金額が1億円以上である場合その他社債権者の保護に欠けるおそれがないものとして法務省令で定める場合は，社債管理者を定める必要はない(702条ただし書)。なお，702条ただし書に規定する「法務省令で定める場合」とは，ある種類(681条1号に規定する種類をいう)の社債の総額を当該種類の各社債の金額の最低額で除して得た数が50を下回る場合である(施行規則169条)。

イ．**誤り**。社債管理者は，銀行，信託会社のほか，これらに準ずるものとして法務省令で定める者であればよい(703条，施行規則170条)。そして，社債管理者は複数であってもよい(709条参照)。なぜなら，709条が「2以上の社債管理者がある場合の特則」を定めている以上，社債管理者が複数である場合を法は認めているといえるからである。

ウ．**正しい**。社債管理者は，社債権者のために，公平かつ誠実に社債の管理を行わなければならない(704条1項，公平誠実義務)。また，社債管理者は，社債権者に対し，善良な管理者の注意をもって社債の管理を行わなければならない(704条2項，善管注意義務)。社債管理者は，社債権者を保護し，法律関係を簡明にするために認められた制度であるから，公平誠実義務も，善管注意義務も，ともに社債管理者が社債権者に対して負う義務である。

エ．**正しい**。社債権者と社債管理者との利益が相反する場合において，社債権者のために裁判上または裁判外の行為をする必要があるときは，裁判所は，社債権者集会の申立てにより，特別代理人を選任しなければならない(707条)。社債権者と社債管理者との利益が相反する場合に，社債管理者が社債権者のために裁判上または裁判外の行為をすることができるとすると，社債権者の利益を損なう可能性がある。そこで，特別代理人の選任をするようにしたものである。

　以上より，正しいものはウとエであることから，正解は6となる。

**本問のポイント**　　社債権者集会

▼**解　説**▼

ア．**誤　り**。社債権者集会は，必要がある場合には，いつでも，招集することができるが(717条1項)，原則として社債発行会社または社債管理者が招集する(717条2項)。もっとも，例外的に，社債管理補助者(714条の2)および社債権者が招集することができる(717条2項3項，718条)。したがって，各社債権者は，必要がある場合にはいつでも，自ら社債権者集会を招集することができるわけではない。

イ．**正しい**。社債権者集会においては，定款でその旨が定められなくても，また招集にあたってその旨が定められなくても(719条参照)，社債権者は書面により議決権を行使できる(726条)。そこで，招集者は，知れている社債権者に対し，議決権の行使について参考となるべき事項を記載した書類(社債権者集会参考書類)および社債権者が議決権を行使するための書面(議決権行使書面)を交付しなければならない(721条1項)。

ウ．**正しい**。社債権者集会の決議があったときは，招集者は，当該決議があった日から1週間以内に，裁判所に対し，当該決議の認可の申立てをする(732条)。そして，①社債権者集会の招集の手続またはその決議の方法が法令または第676条の募集のための当該社債発行会社の事業その他の事項に関する説明に用いた資料に記載され，もしくは記録された事項に違反するとき，②決議が不正の方法によって成立するに至ったとき，③決議が著しく不公正であるとき，④決議が社債権者の一般の利益に反するときには，裁判所は，社債権者集会の決議の認可をすることができない(733条)。かかる社債権者集会の決議は，裁判所の認可を受けなければ，その効力を生じないし，他方，認可を受けた社債権者集会の決議は，当該種類の社債を有するすべての社債権者に対してその効力を有する(734条)。

エ．**誤　り**。社債権者集会の決議は，①社債管理者がある場合は，社債管理者，②社債管理補助者がある場合において，社債管理補助者の権限に属する行為に関する事項を可決する旨の社債権者集会の決議があったときは，社債管理補助者，③それ以外の場合は，代表者債権者(736条)が執行する(737条1項1号〜3号)。ただし，社債権者集会の決議によって別に社債権者集会の決議を執行する者を定めることができる(737条1項柱書ただし書)。

以上より，正しいものはイとウであることから，正解は4となる。

本問のポイント　組織変更

**▼解　説▼**

ア．**正しい**。組織変更とは，株式会社が法人格の同一性を保ちながら，組織を変更して持分会社(合名会社・合資会社・合同会社)に変わること，または，持分会社(合名会社・合資会社・合同会社)が株式会社に変わることをいう(2条26号)。合名会社，合資会社および合同会社の間での会社類型の変更は，会社法にいう組織変更ではなく，定款の変更による持分会社の種類の変更と位置づけられている(638条)。

イ．**正しい**。組織変更をすると，会社財産の確保に対する規制が変化し，会社債権者に不利な事態が生じ得る。そこで，組織変更をする株式会社は，債権者の異議手続をとるよう義務付けられている(779条)。

ウ．**誤 り**。責任の態様や持分の譲渡性等，大きな変化が生じることから，組織変更をする株式会社は，効力発生日の前日までに，組織変更計画について総株主の同意を得なければならない(776条1項)。総株主の同意が要件となっているため，反対株主は存在せず，したがって，株式買取請求の問題も生じない。

エ．**誤 り**。組織変更の効力は，原則として組織変更計画において定められた効力発生日に生じる(744条1項9号，746条1項9号。なお，745条6項，747条5項に注意)。組織変更により成立した会社は，本店の所在地において，組織変更前の会社については解散の登記，組織変更後の会社については設立の登記をしなければならないが(920条)，この登記は組織変更の効力発生要件ではない。

　以上より，正しいものはアとイであることから，正解は1となる。

## 問題 58

正解 **3**

**本問のポイント** 合併

### ▼解 説▼

ア．**正しい**。会社法は，すべての種類の会社間における吸収合併・新設合併を認め（748条，株式会社vs株式会社，株式会社vs持分会社，持分会社vs持分会社），存続会社または新設会社の種類も限定されていない。たとえば，吸収合併（株式会社vs持分会社）において持分会社を存続会社とする（751条1項）ことや新設合併（株式会社vs株式会社）において持分会社を新設会社とする合併も認められる（755条1項）。

イ．**誤 り**。吸収合併の効力は，合併契約に定められた効力発生日（749条1項6号，751条1項6号）にその効力を生じる（750条1項，752条1項）。なお，吸収合併消滅会社の吸収合併による解散は，吸収合併の登記（921条）の後でなければ，第三者に対抗することができない（750条2項，752条2項）。

ウ．**誤 り**。新設合併の場合には，新たに会社が設立されるので，新設合併設立会社の成立の日（＝設立登記日，49条，579条，922条）に効力が生ずる（754条1項，756条1項）。

エ．**正しい**。株式会社間で吸収合併をする場合，承認決議は，原則として，各当事会社の株主総会の特別決議による（783条1項，795条1項，309条2項12号）。しかし，吸収合併により消滅する株式会社が種類株式発行会社でない公開会社であり，かつ，当該株式会社の株主に対して交付する金銭等の全部が譲渡制限株式である場合には，吸収合併消滅会社の株主総会の特殊決議が必要である（309条3項2号。なお，783条3項参照）。譲渡性の低い対価を交付される株主の保護を図る必要があるからである。

以上より，正しいものはアとエであることから，正解は3となる。

**本問のポイント** 吸収分割

**▼解　説▼**

ア．**正しい。** 特別支配会社とは，ある株式会社の総株主の議決権の10分の9（これを上回る割合を当該株式会社の定款で定めた場合にあっては，その割合）以上を他の会社および当該他の会社が発行済株式の全部を有する株式会社その他これに準ずるものとして法務省令で定める法人が有している場合における当該他の会社をいう（468条1項かっこ書）。たとえば，乙株式会社の議決権ある株式の90%以上を，甲株式会社が単独で，または甲株式会社と甲株式会社の完全子会社が共同で保有している場合，甲株式会社は特別支配会社となる。そして，乙株式会社は被支配会社，甲株式会社・乙株式会社の関係は特別支配関係とよばれる（468条1項参照）。本記述をみると，吸収分割承継会社が吸収分割会社の特別支配会社となっている場合であるから，吸収分割会社の株主総会の決議による承認は不要となる（784条1項本文）。被支配会社である吸収分割会社の株主総会の決議による承認がほぼ確実視されるなかで，多くの時間や費用を投じて株主総会の開催を強制する合理性がないからである。

イ．**誤　り。** 吸収分割の当事会社が特別支配関係にある場合には，上記のように，被支配会社における株主総会の決議による承認が不要となるのが原則である。しかし，吸収分割会社に対して交付する金銭等の全部または一部が吸収分割承継会社の譲渡制限株式である場合であって，吸収分割承継会社が公開会社でない場合には，吸収分割承継会社が被支配会社であったとしても，吸収分割承継会社における株主総会の決議による承認が必要となる（796条1項ただし書）。吸収分割承継会社の既存の譲渡制限株式の株主を保護する趣旨である。

ウ．**正しい。** 吸収分割により吸収分割承継会社に承継させる資産の帳簿価額の合計額が吸収分割会社の総資産額として法務省令で定める方法により算定される額の5分の1（これを下回る割合を吸収分割会社の定款で定めた場合にあっては，その割合）を超えない場合，吸収分割会社における株主総会の決議による承認は不要である（784条2項）。このような場合には，株主への影響が小さく，株主総会の決議による承認を要求しなくても，株主の保護に欠けるところはないからである。

エ．**誤　り。**「吸収分割会社に対して交付する吸収分割承継会社の株式の数に1株当たり純資産額を乗じて得た額」，「吸収分割会社の株主に対して交付する吸収分割承継会社の社債・新株予約権・新株予約権付社債の帳簿価額の合計額」，「吸収分割会社の株主に対して交付する吸収分割承継会社の株式等以外の財産の帳簿価額の合計額」の合計額が吸収分割承継会社の純資産額として法務省令で定める方法により算定される額の5分の1（これを下回る割合を吸収分割承継会社の定款で定めた場合にあっては，その割合）を超えない場合には，吸収分割承継会社にお

ける株主総会の決議による承認が不要となるのが原則である。しかし，①分割差損が生じる場合，②吸収分割会社に対して交付する金銭等の全部または一部が吸収分割承継会社の譲渡制限株式である場合であって，吸収分割承継会社が公開会社でないときは，吸収分割承継会社における株主総会の決議による承認が必要となる（796条2項ただし書）。①の場合には，差損を生じるような吸収分割を行う理由を株主総会において株主に説明すべきであるし，②の場合には，吸収分割承継会社の既存の譲渡制限株式の株主を保護する必要があるからである。

以上より，正しいものはアとウであることから，正解は2となる。

**正解 5**

## 本問のポイント　株式交換

**▼解　説▼**

ア．**誤　り**。吸収型再編(＝吸収合併，吸収分割，株式交換)について，会社法は合併契約等で定めた日にその効力が生ずるとしている(750条1項，752条1項，759条1項，761条，769条1項，771条)。したがって，株式交換の効力発生日は，必ず株式交換契約において定めなければならない(768条1項6号，770条1項5号)。なお，新設型再編(＝新設合併，新設分割，株式移転)は，設立登記日にその効力が生ずる(754条1項，756条1項，764条1項，766条1項，774条1項)。

イ．**正しい**。株式交換完全親株式会社が，自社の株式を対価(768条1項2号イ)に株式交換完全子会社の株式を取得する場合であれば，資産が増えこそすれ，減少することはないから，債権者を害することはない。なお，①株式交換契約の定めにより，株式交換完全子会社の新株予約権付社債と引換えに株式交換完全親株式会社の新株予約権付社債を交付する場合(768条1項4号ハ)，②株式交換完全子会社の株主に対し，株式交換の対価として，株式交換完全親株式会社の株式以外のものを交付する場合(768条1項2号ホ)には，株式交換完全親株式会社は，債権者保護のため債権者異議手続をとらなければならない(799条1項3号)。①の場合には，株式交換完全親株式会社が当該新株予約権付社債についての社債に係る債務を承継し(768条1項4号ハ)，株式交換完全親株式会社の金銭債務が増加するからである。また，②の場合には，対価が不当であれば，株式交換完全親株式会社の財産が減少し，債権者が害されることになるからである。

ウ．**誤　り**。株式交換完全子会社においては，株主が変動するだけで会社財産が変動することはない。そのため，会社法は，原則として，債権者異議手続を要求していない。しかし，新株予約権付社債の社債部分の承継が認められている関係上(768条1項4号ハ)，新株予約権付社債の社債に係る債務が株式交換完全子会社から株式交換完全親会社へと移転する場合がある。この場合には，新株予約権付社債の社債権者は重大な影響を受けることになるため(自己の意思に関係なく債務者が変更されてしまう)，債権者異議手続が要求される(789条1項3号)。したがって，株式交換完全子会社に対し，株式交換について異議を述べることができるのは，株式交換契約新株予約権(768条1項4号イ)が新株予約権付社債に付された新株予約権である場合における，当該新株予約権付社債についての社債権者のみである(789条1項3号)。なお，株式交換完全子会社の新株予約権の新株予約権者に対して当該新株予約権に代わる株式交換完全親株式会社の新株予約権を交付することが認められている(768条1項4号柱書)。株式交換完全子会社の発行した新株予約権をそのまま残していると，それが行使された場合，完全親子会社関係が崩れることになる。それでは，株式交換をした意味がなくなるからである。この株式交換完全親株式会社の新株予約権の交付を受ける株式交換完全子会

社の新株予約権の新株予約権者の有する新株予約権を「株式交換契約新株予約権」という（768条1項4号イ）。

エ．**正しい。**株式交換完全親株式会社の新株予約権者の地位には変動が生じることはないため，新株予約権買取請求権に関する規定は設けられていない。なお，株式交換完全子会社の新株予約権者は，自己の保有する新株予約権が株式交換に際して株式交換完全親株式会社に承継されるのか，また，どのような条件で承継されるのかについて新株予約権を取得する時に把握できてはいる（236条1項8号ニ）。しかし，新株予約権者が自己の新株予約権の取扱いをある程度予測できるとしても，それが期待と合致しないような場合には，保護する必要が生じる。そのため，株式交換完全子会社については新株予約権買取請求権に関する規定が設けられている（787条1項3号）。

以上より，正しいものはイとエであることから，正解は5となる。

## 問題 61

正解 4

**本問のポイント**　外国会社

**▼解　説▼**

ア．**誤り**。平成14年改正前の商法は，外国会社に対して，日本における代表者の選任と営業所の設置を義務づけていたが，改正後の商法および会社法は，外国会社の日本国内における自由な事業活動をできるだけ保障するために，営業所の設置を義務づけていない（インターネット等による取引においては営業所が必要不可欠なものとはいえない）。なお，営業所を設置しない外国会社に対しては，日本における代表者の住所地において外国会社の登記をすることを義務づけている（933条1項1号）。

イ．**正しい**。外国会社は，外国会社の登記をするまでは，日本において取引を継続してすることができない（818条1項）。なお，会社法は，この規定に違反して取引をした者には，相手方に対し，外国会社と連帯して，当該取引によって生じた債務を弁済する義務を負わせている（818条2項）。日本国内における取引の安全を図る趣旨である。

ウ．**正しい**。外国会社の日本における代表者は，当該外国会社の日本における業務に関する一切の裁判上または裁判外の行為をする権限を有する（817条2項）。責任の所在を明らかにすることによって，取引の相手方の保護を図る趣旨である。

エ．**誤り**。日本における代表者のうち1人以上は日本に住所を有する者でなければならないが（817条1項後段），日本人である必要はない。日本国内に取引上の紛争処理に応じる相手方がいるのであれば，その者が日本人でなくても特に問題はないからである。

　以上より，正しいものはイとウであることから，正解は4となる。

**本問のポイント**　特例有限会社

**▼解　説▼**

　旧有限会社法の規定による有限会社であって会社法施行の際現に存するものは，その施行日以後は，会社法の規定による株式会社として存続することとされ(整備法2条1項)，特例有限会社と呼ばれる(整備法3条2項)。特例有限会社は，株式会社でありながら，その商号中に有限会社という文字を用いることを要し(整備法3条1項)，また，旧有限会社の定款，社員，持分および出資1口が，それぞれ株式会社の定款，株主，株式および1株とみなされるなど(整備法2条2項)，廃止前の有限会社法の規定の実質が維持されるように手当てされている。

ア．**誤　り**。特例有限会社における株主総会以外の機関については，監査役の設置のみが認められる(整備法17条)。有限会社では，社員総会(株主総会に該当)・取締役以外で設置が認められていたのは監査役のみであった。

イ．**正しい**。整備法18条。有限会社では，取締役および監査役に任期の制限はなかった。

ウ．**正しい**。整備法28条。有限会社では，計算書類の公告等が要求されてなかった。

エ．**誤　り**。特例有限会社の定款には，その発行する全部の株式の内容として当該株式を譲渡により取得することについて当該特例有限会社の承認を要する旨および当該特例有限会社の株主が当該株式を譲渡により取得する場合においては当該特例有限会社が会社法136条または会社法137条1項の承認をしたものとみなす旨の定めがあるものとみなされる(=非公開会社。整備法9条1項)。そして，その発行する全部または一部の株式の内容として整備法9条1項の定めと異なる内容の定めを設ける定款の変更をすることが認められないため(整備法9条2項)，特例有限会社は，非公開会社から公開会社へとなることができない。非公開性は有限会社の特質であった。

　以上より，正しいものはイとウであることから，正解は4となる。

Ⅹ 外国会社・特例有限会社

**本問のポイント** 会社の組織に関する訴え

**▼解 説▼**

ア．**提訴権者となり得る。**持分会社における設立の瑕疵を争う制度としては，設立の無効の訴え(828条1項1号)と設立の取消しの訴え(832条)がある。このうち，設立の取消しの訴えについては，①社員が民法その他の法律の規定により設立に係る意思表示を取り消すことができるとき(832条1号)は当該社員が，②社員がその債権者を害することを知って持分会社を設立したとき(832条2号)は当該債権者が，提訴権者と定められている。なお，設立の無効の訴えおよび設立の取消しの訴えは，ともに会社の成立の日から2年以内に提起することを要する(828条1項1号,832条柱書)。

イ．**提訴権者となり得ない。**新株発行の無効の訴えの提訴権者は，当該株式会社の株主等(株主，取締役または清算人(監査役設置会社にあっては株主，取締役，監査役または清算人，指名委員会等設置会社にあっては株主，取締役，執行役または清算人)をいう)に限られるため，債権者は提訴権者となり得ない(828条2項2号)。なお，新株発行の無効の訴えは，株式の発行の効力が生じた日から6箇月以内(非公開会社にあっては，株式の発行の効力が生じた日から1年以内)に提起することを要する(828条1項2号)。

ウ．**提訴権者となり得る。**株式交換の無効の訴えの提訴権者は，株式交換の効力が生じた日において株式交換契約をした会社の株主等もしくは社員等(持分会社の社員または清算人をいう。828条2項1号)であった者または株式交換契約をした会社の株主等，社員等，破産管財人もしくは株式交換について承認をしなかった債権者である(828条2項11号)。なお，株式交換の無効の訴えは，株式交換の効力が生じた日から6箇月以内に提起することを要する(828条1項11号)。なお，株式移転について承認をしなかった債権者も株式移転無効の訴えの提訴権者である(828条2項12号)。

エ．**提訴権者となり得ない。**株主総会の決議の取消しの訴えの提訴権者は，株主等，当該決議の取消しにより株主または取締役(監査等委員会設置会社にあっては，監査等委員である取締役またはそれ以外の取締役)，監査役もしくは清算人となる者に限られるため，債権者は提訴権者となり得ない(831条1項柱書)。なお，株主総会等の決議の取消しの訴えは，株主総会等の決議の日から3箇月以内に提起することを要する(831条1項柱書)。

以上より，提訴権者となり得るものはアとウであることから，正解は2となる。

| 本問のポイント | 商人

**▼解 説▼**

ア．**正しい**。商法は，501条（絶対的商行為）・502条（営業的商行為）で商行為の概念を定め，この商行為の概念から商人の概念を導き出すという基本的立場をとっている。商人とは，①自己の名をもって商行為をすることを，②業とする，すなわち営業として行う者のことである（＝固有の商人。商法4条1項）。農業・林業・漁業・鉱業等の原始産業における生産物を売却する行為は商行為（商法501条，502条参照）ではない。これらの生産物は「有償取得したもの」（商法501条1号）ではないからである。そこで，上記の行為を営業として行う者は固有の商人（商法4条1項）にはあたらない。しかし，「店舗その他これに類似する設備によって物品を販売することを業とする者又は鉱業を営む者は，商行為を行うことを業としない者であっても，これを商人とみなす」（＝擬制商人。商法4条2項）。擬制商人の営業は農業・林業・漁業・鉱業など一次産業ないし原始産業に属するが，その企業設備（店舗，鉱業施設）に着目すると，これを民法の適用領域に置くより，商法の適用領域に入れるのが合理的だからである。

イ．**誤 り**。商号とは，商人が営業上自己を表すために用いる名称である。取引の相手方は，商号と商人の信用・評判を結びつけて認識し，商号には信用が蓄積され，商号は，財産的価値を有するから，他人に譲渡することができる。しかし，商号の背後にある営業主・営業の同一性について，公衆が誤認しないよう，個人商人の商号は「営業とともにする場合」，または「営業を廃止する場合」に限って譲渡することができる（商法15条1項）。そして，登記商号については，譲渡の登記をしなければ第三者（善意・悪意を問わず）に対抗できない（商法15条2項）。商法15条2項にいう「対抗」とは，商号を二重に譲渡した場合の優劣を意味している。

ウ．**正しい**。商人のうち，法務省令で定めるその営業のために使用する財産の価額が法務省令で定める金額（50万円）を超えないものを小商人という（商法7条かっこ書，商法施行規則3条）。このような営業規模の小さい商人にまで商法の規定を一律に適用することは妥当ではない（ex. 零細な商人に商業登記の費用を負担させるのは酷である）。そこで，小商人については，商業登記・商号・商業帳簿等の一部の規定の適用が除外されている（商法7条）。個人商人は，商号の登記をすることが「できる」（商法11条2項）が，商法7条は商法11条2項を小商人に適用しない旨規定しており，小商人は商号を登記することができない。

エ．**誤 り**。商法は，「商人（＝商法4条，固有の商人と擬制商人）がその営業のためにする行為は，商行為とする」（＝附属的商行為。商法503条1項）と規定している。絶対的商行為（商法501条）や営業的商行為（商法502条）は，商人概念とは無関係にその内容が決まるが，附属的商行為は商人概念を前提に導かれることになる。商人は，営業をするにあたって，営業の目的である商行為のほかに，たとえ

ば，営業資金の借入れ，店舗の借入れ，使用人の雇入れなど，営業の開始・継続に必要な行為をする。そのような行為も営業に関連するものであることから，商法の対象としたものである（商法503条1項）。ただ，個人商人の場合には，営業以外の活動があるので，営業のためになされたかどうか明らかでないことがある。そこで，商法は，取引の安全を図るため，「商人の行為は，その営業のためにするものと推定する」と規定している（商法503条2項）。商法503条2項は推定規定であり（最判昭30.9.29)，本記述が「みなされる」としているのは誤りである。

以上より，正しいものはアとウであることから，正解は2となる。

**本問のポイント** 支配人

▼**解　説**▼

ア．**できない。**雇用契約(支配人と商人との間の契約は雇用契約である)における被用者は，営業主の利益のために専心勤務すべきと考えられる。そのため，商法は，支配人について，その精力が分散される結果となるような行為を禁止している(精力分散防止義務，商法23条1項1号)。商法23条1項1号が営業の種類を問わず営業を一律に禁止していることから，たとえ商人の営業と異なる種類の営業を行う場合であっても，商人の許可を受ける必要がある。

イ．**できる。**支配人は営業の機密に通じているため，支配人が商人の営業の部類に属する取引を行えば，その商人の利益が大きく損なわれるおそれがある。そこで，商法は，商人の利益を保護するために，支配人が自己のために商人の営業の部類に属する種類の取引をすることを禁止している(競業避止義務，商法23条1項2号)。本記述のように，商人の営業と異なる種類の取引であれば，商人の許可を受けることなく行うことができる。

ウ．**できる。**自己のために商人の営業と異なる種類の取引をする場合と同様に，第三者のために商人の営業と異なる種類の取引をすることも，商人の許可を受けることなく行うことができる(商法23条1項2号)。

エ．**できない。**雇用契約(支配人と商人との間の契約は雇用契約である)における被用者は，営業主の利益のために専心勤務すべきと考えられる。そのため，商法は，支配人について，その精力が分散される結果となるような行為を禁止している(精力分散防止義務，商法23条1項4号)。

　以上より，許可を受けなくても行うことができるのはイとウであることから，正解は4となる。

**本問のポイント**　支配人・商業登記

**▼解　説▼**

ア．**正しい。**会社法の規定により登記すべき事項は，登記の後でなければ，これを
　もって善意の第三者に対抗(＝主張)することができない(消極的公示力，会社法
　908条1項前段)。そして，支配人の解任は絶対的登記事項である(会社法918条)。
　したがって，会社が支配人を解任したにもかかわらず，その旨の登記をしていな
　い場合，解任を知らなかった第三者との関係では，当該会社は，解任の事実を対
　抗することができない。

イ．**正しい。**登記すべき事項を登記すると，登記後は，正当事由ある第三者を除
　き，善意の第三者にも対抗(＝主張)できる(積極的公示力，会社法908条1項後
　段)。そして，支配人の解任は絶対的登記事項である(会社法918条)。したがっ
　て，会社が支配人を解任し，その旨の登記をした後は，第三者が正当な事由によ
　ってその登記があることを知らなかったときでない限り，当該会社は善意の第三
　者に対しても解任を対抗することができることになる。

ウ．**誤　り。**表見支配人の規定(会社法13条)は，外観法理ないし禁反言の法理に基
　づいて，①支配人らしい外観(会社の本店または支店の事業の主任者であること
　を示す名称)が存在し，②その外観の存在について会社に帰責性がある場合(会社
　が支配人らしい外観を有する「名称を付した」)に，③支配人らしい外観を信頼し
　た者を保護する規定である。したがって，この表見支配人制度が適用されるため
　には，支配人に選任した旨の登記をすることまでは要件とはされていない。よっ
　て，「当該会社がその者について支配人に選任した旨の登記をしない限りは，当該
　使用人が表見支配人に当たることはない」とはいえず，本記述は誤りである。

エ．**誤　り。**登記すべき事項は，登記の後でなければ，これをもって善意の第三者
　に対抗することができない(消極的公示力，会社法908条1項前段)。対抗し得な
　いとは，登記当事者(会社)の方から，第三者に対して，登記事項を主張し得ない
　ことをいう。第三者は，登記すべき事項の存在または不存在は，登記の有無にか
　かわらず主張することができる。したがって，会社が支配人を選任したが，登記
　をしていない場合において，その支配人が当該会社のために第三者と契約を締結
　したときは，当該第三者は，会社に対して契約が有効であることを主張すること
　ができる。

　　以上より，正しいものはアとイであることから，正解は1となる。

XII
総則・
商行為

正解 **6**

## 問題 **67**

| **本問のポイント** | 代理商 |

**▼解 説▼**

ア. **誤 り**。会社の代理商とは, 特定の会社のためにその平常の事業の部類に属する取引の代理または媒介をする者で, その会社の使用人でないものをいう(会社法16条かっこ書。商法27条かっこ書同旨)。代理商は特定の会社・商人の補助者である。不特定多数の商人のために活動する仲立人(商法543条)や問屋(商法551条)とは異なる。そして, 代理商は, 商行為の代理または媒介を引き受けることを業とするものであるから独立の商人である(商法502条11号12号)。会社(商人)に従属する会社の使用人(商業使用人)とは異なる。

イ. **誤 り**。代理商は, 会社の許可がなければ, 会社の事業と同種の事業を行う他の会社の取締役となることができない(競業避止義務, 会社法17条1項2号。商法28条1項2号同旨)。代理商が会社の事業に関して知り得た知識を利用し, 会社の犠牲において自己または第三者の利益を図ることを防止するためである。

ウ. **正しい**。代理商は, 取引の代理または媒介を行ったときは, 遅滞なく会社に対してその旨の通知を発しなければならない(会社法16条, 商法27条同旨)。これは, 民法645条の特則である。民法645条によれば, 受任者は委任者の請求があるとき, 委任事務の処理について報告する義務がある。代理商の場合は, 取引の迅速性の要請に基づいて, 会社(委任者)の請求をまたず, 報告義務を負う。

エ. **正しい**。代理商は, 取引の代理ないし媒介によって生じた債権が弁済期にあるときは, 別段の意思表示がない限り, その弁済を受けるまで会社のために当該代理商が占有する物または有価証券を留置することができる(会社法20条, 商法31条同旨)。企業における信用取引の円滑安全を図るとともに代理商の保護を図るために認められたものである。なお, 代理商の留置権は, 商人間の留置権(商法521条)と異なる特別な留置権である。すなわち, 留置する物は, 本人の所有物である必要はないし, 本人との商取引によって代理商の占有に帰したことも必要とされない。

以上より, 正しいものはウとエであることから, 正解は6となる。

**本問のポイント**　　商法上の各種営業

**▼解　説▼**

ア．**誤　り**。問屋は，取引所の相場のある物品の販売または買入れの委託を受けた
　ときは，自ら買主または売主になることができる（介入権，商法555条）。客観的
　な相場がある物品が，その相場で販売または買入れされるならば，売買が公正に
　行われるという保障があるので，委託者の利益が害されることはないと考えられ
　るからである。したがって，「常に」自ら買主または売主となることができるわけ
　ではない。

イ．**正しい**。委任に関する民法645条によれば，受任者は委任者の請求があるとき，
　委任事務の処理について報告する義務がある。これに対し，問屋は，取引の迅速
　性の要請に基づいて，委託者の請求をまたず，報告義務を負い，委託者のために
　売買を行ったときは，遅滞なく委託者にその通知を発しなければならない（商法
　557条・27条）。

ウ．**正しい**。代理商は，商人の許可がなければ，自己または第三者のためにその商
　人の営業の部類に属する取引をなすことができない（競業避止義務，商法28条1
　項）。代理商が商人の営業に関して知り得た知識を利用し，その商人の犠牲にお
　いて自己または第三者の利益を図ることを防止するためである。

エ．**誤　り**。商事仲立人は，媒介により契約が成立し，かつ，結約書の作成交付
　手続が終了した後でなければ，報酬を請求することができない（商法550条1
　項）。したがって，仲立人がいかに契約の成立のため尽力しても，当事者間に契
　約が成立しなかったときは，報酬を請求できない。

　以上より，正しいものはイとウであることから，正解は4となる。

XII
総則・
商行為

**本問のポイント**　物品運送

**▼解　説▼**

ア．**正しい**。現代社会における危険物の多様化やその取扱いの重要性に鑑みると，危険物に関する通知義務を明文化することが望ましい。そこで，平成30年商法改正により，危険物に関する通知義務が明文化された。荷送人は，運送品が引火性，爆発性その他の危険性を有するものであるときは，その引渡しの前に，運送人に対し，その旨および当該運送品の品名，性質その他の当該運送品の安全な運送に必要な情報を通知しなければならない(商法572条)。

イ．**誤り**。運送賃は，到達地における運送品の引渡しと同時に，支払わなければならない(商法573条1項)。物品運送契約は，運送人が荷送人からある物品を受け取りこれを運送して荷受人に引き渡すことを約し，荷送人がその結果に対してその運送賃を支払うことを約することによって，その効力を生ずる(商法570条)。運送契約は，運送という仕事の完成を約束するものであるから，請負契約の一種である(民法632条)。請負契約は，仕事の完成に対して報酬を支払う契約(民法632条)であるから，特約がない限り，仕事完成後の後払いが原則である(民法633条)。

ウ．**誤り**。高価品は，荷送人が運送を委託するに当たりその種類および価額を通知した場合を除き，運送人はその滅失・損傷・延着について損害賠償の責任を負わない(商法577条1項)。高価品は，盗難その他の事故が生じやすく，損害額も巨額になるのに，高価品であることの「通知」がなければ，運送人は危険に見合う特別な注意を払うことや，保険をかけたり，割増運賃を請求するなどの対処ができない。そこで，運送人に予想外の不利益を与えるのを防止するため，商法577条1項が設けられている。商法575条,576条の特則である。高価品の通知がなく，運送人が高価品であることを知らない場合，運送人は，高価品としてはもとより，普通品としての債務不履行責任も負わない。そうでないと，通知を促進することができないし，また，普通品としての価格というものも定められないからである。ただし，①物品運送契約の締結の当時，運送品が高価品であることを運送人が知っていた場合(商法577条2項1号)，②運送人の故意・重過失によって高価品の滅失・損傷・延着が生じた場合(商法577条2項2号)は，荷送人がその種類および価額を通知しなかった場合でも，運送人は損害賠償責任を負う(商法577条2項柱書)。公平の観点から運送人を免責するのは相当でないからである。

エ．**正しい**。運送賃その他の費用を支払う義務を負うのは，本来，運送契約の当事者である荷送人である。しかし，荷受人が運送品を受け取った後は，荷受人も運送人に対して運送賃その他の費用を支払う義務を負う(商法581条3項)。この義務については，荷受人は，運送契約の当事者ではないが，荷受人の運送品の受取りによって契約の目的が達成されるという運送契約の特殊性から，法が特別に定

めたものだと説明されている。

以上より，正しいものはアとエであることから，正解は3となる。

**本問のポイント**　場屋営業

▼**解　説**▼

ア．**誤　り**。場屋営業者は，客から寄託を受けた物品の滅失または損傷については，不可抗力によるものであったことを証明しなければ，損害賠償の責任を免れることができない(商法596条1項。なお，高価品については商法597条参照)。場屋営業者は，注意を怠らなかったこと(＝過失がなかったこと)を証明しただけでは責任を免れない。商法596条1項は，場屋には多数の人間が頻繁に出入りし，客自身がその所持品の安全を守ることは困難であることや，場屋の主人の重い責任を認めることによって場屋の信用が維持されることから規定されたものである。

イ．**正しい**。貨幣，有価証券その他の高価品については，客がその種類および価額を通知してこれを場屋営業者に寄託した場合を除き，場屋営業者は，その滅失または損傷によって生じた損害を賠償する責任を負わない(商法597条)。高価品は，損害発生のおそれが大きく，損害額も巨額になるのに，高価品である旨の通知がなければ，場屋営業者は係る危険に対応した注意を払うことも，危険に見合った報酬を請求することもできないから，賠償責任を負わないとした規定である。運送人の責任に関する商法577条1項と同趣旨の規定である。

ウ．**正しい**。場屋営業者は，客が寄託していない物品であっても，場屋の中に携帯した物品が，場屋営業者が注意を怠ったことによって滅失し，または損傷したときは，損害賠償の責任を負う(商法596条2項)。本来，場屋営業者は寄託を受けていない以上，契約責任を負わないはずである。また，不法行為の要件が備わっていない場合にも認められるものであり，場屋利用の特殊性から法が特に認めた責任と解されている。

エ．**誤　り**。客の携帯品について責任を負わない旨を一方的に告示しても免責は認められない(商法596条3項)。なお，特約があれば，責任を軽減することは可能である。単なる一方的な告示では責任が軽減されないだけである。

　以上より，正しいものはイとウであることから，正解は4となる。

**問題 71**

**本問のポイント** 直接開示・間接開示

**▼解 説▼**

　情報開示の方法には，①投資家に開示書類を直接交付する直接開示と，②内閣総理大臣に提出された開示書類を公衆縦覧に供することで情報が間接的に投資家に提供される間接開示の２つがある。

ア．**間接開示である**。有価証券届出書は，有価証券の募集または売出しを行う発行者が，内閣総理大臣に提出し（金商法４条１項本文），５年間公衆の縦覧に供される（金商法25条１項１号）。

イ．**間接開示である**。有価証券報告書の提出義務者は，有価証券報告書を各事業年度の経過後３箇月以内に，内閣総理大臣に提出しなければならない（金商法24条１項柱書本文）。当該有価証券報告書は，公衆の縦覧に供される（金商法25条１項４号）。

ウ．**直接開示である**。目論見書は，個々の投資者に対して直接交付される開示書類である（金商法15条２項）。必ずしも一般投資家が有価証券届出書を見て投資判断をするとは限らないことから，目論見書の交付により有価証券届出書の情報が投資家に届くことを保障する趣旨である。

エ．**直接開示である**。公開買付説明書は，公開買付者が株券等の売付け等を行おうとする者に直接交付される情報である（金商法27条の９第１項２項）。公開買付けに応じる者が公開買付けを知り納得した上で応じられるようにする趣旨である。

　以上より，直接開示されるものはウとエであることから，正解は６となる。

XIII 金融商品取引法

# 問題 72

正解 **5**

**本問のポイント**　発行開示

## ▼解　説▼

ア．**誤　り**。非上場会社が社債券を発行する場合でも，それが有価証券の募集（金商法2条3項1号2号）に該当すると，原則として，有価証券届出書の提出義務が課される（金商法4条1項柱書本文，5条1項柱書本文）。例外的に届出義務が免除されるのは，①発行価額が1億円未満の募集である場合（金商法4条1項5号）や，②募集に該当しない私募（金商法2条3項柱書）の場合である。

イ．**正しい**。有価証券届出書において，形式上の不備がある場合や，重要な事項について虚偽の記載がある場合等を放置することは，投資家を保護するために発行開示を要求した法の趣旨に反する。そこで，投資家保護のため自発的訂正が要請されており（金商法7条），訂正届出書は，内閣総理大臣による訂正命令（金商法9条1項，10条1項）を受ける前でも，当然に提出することができる。

ウ．**誤　り**。新たに発行される有価証券の取得の申込みの勧誘（取得勧誘）であって，「多数の者」を相手方として行う場合として「政令」（＝施行令1条の5。50名以上の者）で定める場合には，有価証券の募集に該当し，当該有価証券の発行者は有価証券届出書の提出義務を負う（金商法2条3項1号）。ただし，①適格機関投資家のみを相手方として行う場合で，②当該有価証券がその取得者から適格機関投資家以外の者に譲渡されるおそれが少ない場合には，勧誘対象者が50名以上になるときでも，私募（＝プロ私募）に該当し，有価証券届出書の提出義務は課されない（金商法2条3項2号イ）。適格機関投資家のみを相手とする場合でも，適格機関投資家以外の一般投資家に譲渡されるおそれがある場合には，募集として扱われ，有価証券届出書の提出義務が課される。

エ．**正しい**。金融商品取引法は，合併，会社分割，株式交換，株式移転を「組織再編成」とし（金商法2条の2第1項，施行令2条），組織再編成による株式の発行（組織再編成発行手続）または既に発行された株式等の交付（組織再編成交付手続）のうち，一定の場合には有価証券届出書の提出義務を課している（金商法2条の2，4条）。すなわち，消滅会社が開示会社で存続会社が非開示会社の場合で，組織再編成発行手続により発行または組織再編成交付手続により交付される有価証券に関して開示が行われていないときは，当該有価証券の発行者に開示義務が課される（金商法4条1項かっこ書，4条1項2号）。組織再編成によって，情報開示が遮断することを防止するためである。

以上より，正しいものはイとエであることから，正解は5となる。

**MEMO**

**本問のポイント** 流通開示（継続開示）

▼**解 説**▼

ア．**誤 り**。有価証券届出書には，①当該募集または売出しに関する事項（＝証券情報）と，②当該会社の商号，当該会社の属する企業集団および当該会社の経理の状況その他事業の内容に関する重要な事項（＝企業情報）が記載される（金商法5条1項）。有価証券報告書の記載事項は，②の企業情報である（金商法24条1項柱書本文）。

イ．**正しい**。特定上場有価証券とは，特定取引所金融商品市場のみに上場されている有価証券をいう（2条33項）。プロ向け市場（特定取引所金融商品市場。2条32項，117条の2第1項）は，一般投資者が参加する市場とは異なって，取引参加者をプロの投資家（特定投資家）に限定した市場である。プロの投資家（特定投資家）は，一般に，情報収集・分析能力やリスク管理能力が備わっているものと考えられるので，特定投資家のみを相手方とする有価証券（特定投資家向け有価証券）の取得の勧誘における投資家保護の枠組みについては，自己責任を基本とすることが可能である。そこで，一般投資者保護のための法定の公衆縦覧型の厳格な情報開示規制（発行開示義務・継続開示義務）を免除している（2条3項2号ロ，2条4項2号ロ，24条1項1号かっこ書）。発行開示義務が免除される特定上場有価証券については，継続開示義務（有価証券報告書等の提出）が課されないよう上場有価証券から除外している（24条1項1号かっこ書）。

ウ．**正しい**。親会社等状況報告書の提出義務を負う会社は，有価証券報告書提出会社（提出子会社）の親会社である（金商法24条の7第1項）。提出子会社の親会社に関する情報も，投資家が提出子会社への投資判断をする上で，重要な情報となる。しかし，当該親会社が有価証券報告書の提出会社でなければ，継続開示義務を負うことはないので，親会社に関する情報を入手することは困難である。そこで，親会社等状況報告書により，親会社に関する情報を開示させるのである。

エ．**誤 り**。有価証券報告書を提出しなければならない会社は，その会社が発行者である有価証券の募集または売出しが外国において行われるとき，その他公益または投資者保護のため必要かつ適当なものとして内閣府令で定める場合（開示府令19条）に該当することとなったときは，内閣府令で定めるところにより，その内容を記載した臨時報告書を，遅滞なく内閣総理大臣に提出しなければならない（金商法24条の5第4項）。臨時報告書は，投資判断に重大な影響を及ぼすべき一定の重要な事実が発生した場合，有価証券報告書や四半期報告書（または半期報告書）の提出を待たずに，その内容を開示することが，投資者の適時・的確な判断に必要であることから認められた制度である。代表取締役・指名委員会等設置会社である場合は代表執行役の異動があった場合は，会社の支配，経営関係に及ぼす影響が大きいので，臨時報告書提出の提出事由とされている（開示府令19条

2項9号)。これに対し，本記述の社外取締役または社外監査役の異動について
は，臨時報告書の提出事由とはされていない(開示府令19条参照)。なお，財務書
類または内部統制報告書の監査証明を行う公認会計士または監査法人の異動につ
いては，監査に問題が生じていることをうかがわせるものであり，投資者の関心
事由であることから，開示事由とされている(開示府令19条2項9号の4)。

以上より，正しいものはイとウであることから，正解は4となる。

## 問題 74

**▼解　説▼**

ア．**必要がある。**市場内外の取引を組み合わせて，政令で定める一定期間以内に一定割合を超える株券等の買付け等(市場外取引が政令で定める一定割合を超える場合に限る)を行うことで，株券等の所有割合が3分の1を超える買付けを行う場合，買付者は公開買付けによらなければならない(金商法27条の2第1項4号)。従来，60日間に10名以下(施行令6条の2第3項参照)の者から市場外で株券等を買い付け，買付け後に，株券等所有割合が3分の1を超える場合に，公開買付義務が課されていた(いわゆる3分の1ルール)。会社支配権に影響を与えるような取引等が行われる場合，投資家にあらかじめ情報開示を行うとともに，株主の平等な取扱いを保障する趣旨である。本記述は，市場内外の取引を組み合わせて3分の1ルールの脱法を防止するために，平成18年の改正により定められた規制である。

イ．**必要がない。**公開買付規制が適用される対象の有価証券は，株券，新株予約権付社債券，その他の有価証券で政令で定めるもの(＝株券等)について，有価証券報告書提出義務を負う発行者または特定上場有価証券(金商法2条33項)の発行者の株券等である(金商法27条の2柱書本文)。社債券は株券等に該当しないから，社債券の買付けで公開買付けが義務付けられることはない。

ウ．**必要がない。**公開買付規制が適用される対象の取引は，株券等(イ．の解説参照)の買付け等(株券等の買付けその他の有償の譲受け)であって，無償の譲受けは規制の対象外である(金商法27条の2柱書本文)。

エ．**必要がある。**ある者による公開買付けの実施中に，既に3分の1超所有している者が公開買付期間内(施行令7条5項)に一定割合(株券等の総数の5％，施行令7条6項)を超える当該株券等の買付け等を行う場合，買付者は公開買付けによらなければならない(金商法27条の2第1項5号)。3分の1ルール(ア．の解説参照)の脱法を防止する趣旨である。

　以上より，公開買付けによる必要がない場合はイとウであることから，正解は4となる。

**本問のポイント**　公開買付け

**▼解　説▼**

ア．**正しい。** 公開買付者等(公開買付者,金商法27条の2第7項に規定する特別関係者,その他政令で定める関係者を言う。金商法27条の3第3項,施行令10条参照)は,公開買付期間中は,公開買付けによらないで公開買付けに係る株券等の買付け等をしてはならない(金商法27条の5柱書本文)。公開買付け以外の方法で買付けを行うならば,株主間に不平等が生じるからである。たとえば,特定の大株主から高い価格で買い付けるときには,公開買付けに応じた他の株主に不利益をもたらす。そこで金融商品取引法は,別途買付けを原則として禁止するとともに,例外的に許容される場合を明示的に規定している(金商法27条の5ただし書1号〜3号)。

イ．**正しい。** 公開買付けに係る株券等の発行者は,内閣府令で定めるところにより,公開買付開始公告が行われた日から政令で定める期間内に,当該公開買付けに関する意見その他の内閣府令で定める事項を記載した意見表明報告書を内閣総理大臣に提出しなければならない(金商法27条の10第1項)。公開買付けの対象会社の経営陣が公開買付けに対してどのように考えているかは,株主が公開買付けに応ずるべきか否かを判断する上で極めて重要な情報である。そこで,平成18年の改正で,投資判断の情報を豊富にするため,意見表明報告書の提出が義務づけられた。

ウ．**誤 り。** 公開買付けの対象になるのは,「その株券,新株予約権付社債券その他の有価証券で政令で定めるものについて有価証券報告書を提出しなければならない発行者」(特定有価証券を除いた場合に限る)である(金商法27条の2第1項柱書本文)。

エ．**誤 り。** 公開買付者は,公開買付開始公告を行った日に,公開買付届出書およびその添付書類を内閣総理大臣に提出しなければならない(金商法27条の3第2項)。そして,公開買付開始公告が行われた日の翌日以後は,当該公開買付者が公開買付届出書を内閣総理大臣に提出していなければ,売付け等の申込みの勧誘その他の当該公開買付けに係る内閣府令で定める行為をしてはならない(金商法27条の3第3項)。しかし,有価証券届出書の場合と異なり,待機期間は設けられておらず,公開買付者は届出書の提出後であれば,公開買付説明書を交付して(金商法27条の9第1項),買付契約を締結することができる。そのかわり,応募株主は,公開買付期間中においては,いつでも契約を解除することができる(金商法27条の12第1項)。応募株主の解除権は,株主の熟慮期間の確保や対抗的な公開買付けがなされたときに株主がそれに乗り換えることができるようにしたものである。

以上より,正しいものはアとイであることから,正解は**1**となる。

**本問のポイント**　　大量保有報告制度

**▼解　説▼**

ア．**正しい。** 金融商品取引法は，会社の支配や株価に大きな影響を及ぼすであろう大量保有状況の開示を義務づけており，上場会社（金商法27条の23第1項本文，施行令14条の4第2項）の株券等保有割合が5％を超える保有者（＝大量保有者）は，所定の書式にしたがって，保有することとなった日から5営業日以内に内閣総理大臣に「大量保有報告書」を提出しなくてはならない（5％ルール，金商法27条の23第1項）。大量保有報告の対象となる株券等は，上場株券などの発行会社が発行した有価証券の中で，会社支配に影響を与える可能性がある株券，新株予約権証券，新株予約権付社債券等の有価証券である（金商法27条の23第2項，施行令14条の5の2）。

イ．**誤り。** 親会社が3％，子会社が3％を保有しており，両者合せて6％の株券等を保有したとしても，別々に捉えたのでは，5％ルールの規制が及ばないことになる。しかし，株券等の買占めをする場合，複数の者が共同して行うことが少なくないから，それでは，規制の実効性に欠けることになる。そこで，金融商品取引法においては，規制の実効性を確保するために，共同保有者分を合算して保有割合を計算するものとされている（金商法27条の23第4項）。そして，株券等の保有者と発行会社の株券等の他の保有者が，夫婦である場合，保有者と50％を超える資本関係にある親子会社および兄弟会社である場合には，株券の取得や議決権行使についての合意がなくても，共同行為の合意が行われる蓋然性が高いという特殊な関係から，これらの者は共同保有者とみなされる（＝みなし共同保有者，金商法27条の23第6項，施行令14条の7，大量保有府令5条の3）。本記述においては，共同保有者とみなされる親子会社で合計5％超の取得となるため，親会社・子会社のそれぞれに大量保有報告書の提出義務が課される。

ウ．**誤り。** 借入先の銀行の名称は，原則として開示されない（金商法27条の28第3項）。例外として開示されるのは，株券等保有者が「銀行等からの借入れを行った際に当該借入れをこれらの報告書に係る株券等の取得資金に充てることを当該銀行等に対して明らかにしたときであって，その旨をこれらの報告書に記載した場合」である（金商法27条の28第3項，大量保有府令22条）。

エ．**正しい。** 特例報告制度とは，銀行・保険会社などの機関投資家については，その売買の頻度を考慮して，基準日（施行令14条の8の2に定めるところにより毎月2回以上設けられる日の組合せのうちから，特例対象株券等の保有者が大量保有府令18条で定められるところにより内閣総理大臣に届出した日をいう。金商法27条の26第3項）において株券等保有割合が初めて5％を超える場合に大量保有報告義務を課すものである。しかし，当該株券等の発行者の事業活動に重大な変更を加え，または重大な影響を及ぼす行為として政令（施行令14条の8の2第1

項)で定めるもの(重要提案行為等)を行うことを保有の目的とする場合には,特例報告制度を利用できない(金商法27条の26第1項)。特例報告制度の趣旨は,日常の事業活動の中で常に株券等の売買を頻繁に行っている証券会社等の過大な事務負担を防止する点にある。単なる日常の事業活動の中での株券等の売買を超えて,株券等発行会社の事業活動に重大な影響を及ぼすことが保有目的とされる場合には,特例報告制度を認める根拠がなくなるからである。重要提案行為等を行うことを保有の目的とする場合には,特例報告制度の適用を受けることができない(金商法27条の26第1項)。この場合は,一般報告制度により,大量保有者になった日から5営業日以内に提出する必要がある(金商法27条の23第1項)。

以上より,正しいものはアとエであることから,正解は3となる。

**本問のポイント**　　開示規制の違反と責任

**▼解　説▼**

ア．**誤　り**。有価証券届出書のうちに，重要な事項について虚偽の記載があり，または記載すべき重要な事項もしくは誤解を生じさせないために必要な重要な事実の記載が欠けているときは，その有価証券届出書の届出者は，当該有価証券を当該募集または売出しに応じて取得した者に対し，損害賠償責任を負う（金商法18条１項）。この責任は，無過失責任と解されており（役員等の免責を認めた金商法21条２項と比較せよ），発行会社が無過失を証明しても免責されない。

イ．**誤　り**。有価証券届出書の不実の記載に関しては，発行会社の役員（取締役，会計参与，監査役，執行役等）および公認会計士・監査法人も，損害賠償責任を負わされている（金商法21条１項１号３号）。公認会計士・監査法人は，不実の記載のある財務書類について不実の記載がないものとして監査証明をしたことの責任が問われ（金商法21条１項３号），監査証明について故意または過失がなかったことを立証した場合には責任を免れる（過失責任，金商法21条２項２号）。公認会計士の責任は，立証責任の転換された過失責任である（21条２項２号）。

ウ．**正しい**。有価証券届出書中の重要な事項について虚偽の記載があった場合，有価証券報告書の提出者は，当該書類が公衆の縦覧に供されている間に，募集・売出しによらず有価証券を取得した者（＝流通市場において有価証券を取得した者）に対し，一定の限度内で，虚偽記載等により生じた損害を賠償する責任を負う（金商法21条の２第１項本文，25条１項４号）。この「流通市場」における提出会社の責任は，有価証券届出者の責任と異なり，提出会社が「当該書類の虚偽記載等について故意又は過失がなかつたことを証明したときは，同項に規定する賠償の責めに任じない」（金商法21条の２第２項）と規定されているように「過失責任」である。

エ．**正しい**。有価証券報告書の提出者の責任については，「19条１項の規定の例により算出した額を超えない限度」という上限が設けられている（金商法21条の２第１項・19条１項）。すなわち，投資者が当該有価証券の取得について支払った額から，損害賠償請求時における①市場価額または②損害賠償請求前に当該有価証券を処分した場合においては，その処分価額を控除した額（∵証券価額の下落分）が上限となる。本来，金商法19条１項は，金商法18条の責任について賠償額を法定した規定であるが，金商法21条の２第１項は賠償額の上限の算定基準として金商法19条１項を援用している。金商法19条１項を賠償額の上限の算定基準としているのは，流通市場での取得者（＝有価証券の発行者と直接の取引関係にない）に対する賠償責任が，有価証券届出者（有価証券の発行者）に直接資金の払込みを行った発行市場での取得者に対する18条の責任（∵発行市場で有価証券の取得に支払った金額を限度とする）を上回るのは妥当でないとの理由による。

以上より，正しいものはウとエであることから，正解は6となる。

〈執　筆〉　TAC法学研究室

公認会計士短答式試験対策シリーズ

アドバンスト問題集　企業法　第6版

2010年 3 月 2 日　初　版　第 1 刷発行
2023年12月25日　第 6 版　第 1 刷発行

| | | |
|---|---|---|
| 編 著 者 | T A C 株 式 会 社 | |
| | （公認会計士講座） | |
| 発 行 者 | 多 田 敏 男 | |
| 発 行 所 | T A C 株式会社　出版事業部 | |
| | （T A C出版） | |

〒101-8383
東京都千代田区神田三崎町3-2-18
電話03（5276）9492（営業）
FAX 03（5276）9674
https://shuppan.tac-school.co.jp

| | | |
|---|---|---|
| 印　　刷 | 株式会社 ワ　コ　ー | |
| 製　　本 | 株式会社 常 川 製 本 | |

Ⓒ TAC 2023　　　Printed in Japan　　　ISBN 978-4-300-11000-3
N.D.C. 336

# 公認会計士講座のご案内

スクール選びで
合否が決まる！

[東京会場]
東京マリオットホテル

実績で選ぶならTAC！

令和4年度 公認会計士試験
TAC 合格祝賀パーティー

[大阪会場]
ホテル阪急インターナショナル

新試験制度制定後
2006年〜2022年
公認会計士論文式試験
TAC 本科生合格者
累計実績※

**9,717名※**

2006年 633名 + 2007年 1,320名 + 2008年 1,170名 + 2009年 806名 + 2010年 885名 + 2011年 554名 + 2012年 550名 + 2013年 458名 + 2014年 415名 + 2015年 372名 + 2016年 385名 + 2017年 352名 + 2018年 357名 + 2019年 360名 + 2020年 401名 + 2021年 289名 + 2022年 410名

※ TAC本科生合格者とは、目標年度の試験に合格するために必要と考えられる講義、答案練習、公開模試、試験委員対策・法令改正等をパッケージ化したTACのコースにおいて、合格に必要な科目を全て受講し、かつ最終合格された方を指します。なお、過年度の科目合格者が最終合格された場合、①合格に必要な科目をTACで全て受講し、かつ②受講した年度に科目合格している方は合格者に含めています。
※ 写真は2022年合格祝賀パーティーのものです。

# 資格の学校 TAC

# TAC 合格実績を支える 7つの強み

## 「タイムパフォーマンス」重視で無理・無駄なく合格

### TACの強み 3 合格者講師

自らの合格学習法や実務経験を交えたイメージしやすい講義!

**合**格者講師主義とは、公認会計士試験で重要な会計に関する科目「財務会計論（基礎・上級期）」・「管理会計論」・「監査論」・「租税法」および重要な選択科目である「経営学」については、自ら試験を突破した会計のプロフェッショナルである公認会計士（旧第2次を含む）試験合格者が講師であるべき、というポリシーです。また他の科目についても、試験合格者勿論、司法試験合格者をはじめとした各専門分野に精通しているプロフェッショナルを採用しています。

### TACの強み 2 全国展開の校舎

好立地で通いやすい!
振替や自習に便利な校舎を
全国27校舎で展開!

### TACの強み 4 合格カリキュラム

カリキュラムに沿うだけで
ムリなく、ムダなく
一発合格を目指せる!

### TACの強み 1 スケールメリット

受験生全体の正確な
順位を把握でき、
正答すべき問題を判別できる!

### TACの強み 7 就職サポート

初めての就職も安心!
規模・質ともに充実した
就職対策!

### TACの強み 5 合格教材

合格者講師が作成した
TACの教材だけで
合格できる!

### TACの強み 6 安心の学習環境

「あったらいいな」を形にした
TACにしかない安心の学習フォロー!

## はじめの一歩はセミナーから知る!

---

■ 疑問や不安はセミナーに参加して解消しよう!

公認会計士講座
ホームページ
https://www.tac-school.co.jp/kouza_kaikei/

TAC 会計士 [検索]

セミナー日程は
ココでチェック!

参加無料

予約不要

■ 無料で急送! 資料のご請求はこちら!

通話無料 0120-509-117
ゴウカク イイナ

月〜金 9:30〜19:00／土日祝 9:30〜18:00
※営業時間短縮の場合がございます。詳細はHPでご確認ください。

# TAC出版 書籍のご案内

TAC出版では、資格の学校TAC各講座の定評ある執筆陣による資格試験の参考書をはじめ、資格取得者の開業法や仕事術、実務書、ビジネス書、一般書などを発行しています！

## TAC出版の書籍

*一部書籍は、早稲田経営出版のブランドにて刊行しております。

### 資格・検定試験の受験対策書籍

- ○日商簿記検定
- ○建設業経理士
- ○全経簿記上級
- ○税　理　士
- ○公認会計士
- ○社会保険労務士
- ○中小企業診断士
- ○証券アナリスト

- ○ファイナンシャルプランナー(FP)
- ○証券外務員
- ○貸金業務取扱主任者
- ○不動産鑑定士
- ○宅地建物取引士
- ○賃貸不動産経営管理士
- ○マンション管理士
- ○管理業務主任者

- ○司法書士
- ○行政書士
- ○司法試験
- ○弁理士
- ○公務員試験(大卒程度・高卒者)
- ○情報処理試験
- ○介護福祉士
- ○ケアマネジャー
- ○社会福祉士　ほか

### 実務書・ビジネス書

- ○会計実務、税法、税務、経理
- ○総務、労務、人事
- ○ビジネススキル、マナー、就職、自己啓発
- ○資格取得者の開業法、仕事術、営業術
- ○翻訳ビジネス書

### 一般書・エンタメ書

- ○ファッション
- ○エッセイ、レシピ
- ○スポーツ
- ○旅行ガイド (おとな旅プレミアム/ハルカナ)
- ○翻訳小説

# TAC出版

(2021年7月現在)

## 書籍のご購入は

### 1 全国の書店、大学生協、ネット書店で

### 2 TAC各校の書籍コーナーで

資格の学校TACの校舎は全国に展開!
校舎のご確認はホームページにて

資格の学校TAC ホームページ
**https://www.tac-school.co.jp**

### 3 TAC出版書籍販売サイトで

CYBER TAC出版書籍販売サイト
**OOK STORE**

24時間
ご注文
受付中

TAC出版 で 検索

**https://bookstore.tac-school.co.jp/**

新刊情報を
いち早くチェック!

たっぷり読める
立ち読み機能

学習お役立ちの
特設ページも充実!

TAC出版書籍販売サイト「サイバーブックストア」では、TAC出版および早稲田経営出版から刊行されている、すべての最新書籍をお取り扱いしています。
また、無料の会員登録をしていただくことで、会員様限定キャンペーンのほか、送料無料サービス、メールマガジン配信サービス、マイページのご利用など、うれしい特典がたくさん受けられます。

---

## サイバーブックストア会員は、特典がいっぱい! (一部抜粋)

通常、1万円(税込)未満のご注文につきましては、送料・手数料として500円(全国一律・税込)頂戴しておりますが、1冊から無料となります。

専用の「マイページ」は、「購入履歴・配送状況の確認」のほか、「ほしいものリスト」や「マイフォルダ」など、便利な機能が満載です。

メールマガジンでは、キャンペーンやおすすめ書籍、新刊情報のほか、「電子ブック版TACNEWS(ダイジェスト版)」をお届けします。

書籍の発売を、販売開始当日にメールにてお知らせします。これなら買い忘れの心配もありません。

# 公認会計士試験対策書籍のご案内

TAC出版では、独学用およびスクール学習の副教材として、各種対策書籍を取り揃えています。
学習の各段階に対応していますので、あなたのステップに応じて、合格に向けてご活用ください!

## 短答式試験対策

・財務会計論【計算問題編】
・財務会計論【理論問題編】
・管理会計論
・監査論
・企業法

『ベーシック問題集』
シリーズ A5判

● 短答式試験対策を本格的に
始めた方向け、苦手論点の
克服、直前期の再確認に最適!

・財務会計論【計算問題編】
・財務会計論【理論問題編】
・監査論
・企業法

『アドバンスト問題集』
シリーズ A5判

● 『ベーシック問題集』の上級編。
より本試験レベルに対応して
います

## 論文式試験対策

『財務会計論会計基準
早まくり条文別問題集』
B6変型判

● ○×式の一問一答で会計基準を
早まくり
◎ 論文式試験対策にも使えます

・財務会計論【計算編】
・管理会計論

『新トレーニング』
シリーズ B5判

● 基本的な出題パターンを
網羅。効率的な解法による
総合問題の解き方を
身に付けられます!
◎ 各巻数は、TAC公認会計士
講座のカリキュラムにより
変動します
◎ 管理会計論は、短答式試験
対策にも使えます

## 過去問題集

『短答式試験 過去問題集』
『論文式試験必修科目 過去問題集』
『論文式試験選択科目 過去問題集』
A5判

● 直近3回分の問題を、ほぼ本試験形式で再現。
TAC講師陣による的確な解説付き

# TAC出版

**TAC PUBLISHING Group**

## 企業法対策

公認会計士試験の中で毛色の異なる法律科目に対して苦手意識のある方向け。
弱点強化、効率学習のためのラインナップです

### 入門

『はじめての会社法』

A5判　田﨑 晴久 著

● 法律の知識ゼロの人でも、これ1冊で会社法の基礎がわかる!

### 短答式試験対策

『企業法早まくり肢別問題集』

B6変型判　田﨑 晴久 著

● 本試験問題を肢別に分解、整理。簡潔な一問一答式で合格に必要な知識を網羅!

# 書籍の正誤に関するご確認とお問合せについて

書籍の記載内容に誤りではないかと思われる箇所がございましたら、以下の手順にてご確認とお問合せをしてくださいますよう、お願い申し上げます。

なお、正誤のお問合せ以外の**書籍内容に関する解説および受験指導などは、一切行っておりません。**
そのようなお問合せにつきましては、お答えいたしかねますので、あらかじめご了承ください。

## 1 「Cyber Book Store」にて正誤表を確認する

TAC出版書籍販売サイト「Cyber Book Store」の
トップページ内「正誤表」コーナーにて、正誤表をご確認ください。

**CYBER** TAC出版書籍販売サイト
**BOOK STORE**

**URL：https://bookstore.tac-school.co.jp/**

## 2 1 の正誤表がない、あるいは正誤表に該当箇所の記載がない ⇒ 下記①、②のどちらかの方法で文書にて問合せをする

**★ご注意ください★**

**お電話でのお問合せは、お受けいたしません。**
①、②のどちらの方法でも、お問合せの際には、「お名前」とともに、
「対象の書籍名（○級・第○回対策も含む）およびその版数（第○版・○○年度版など）」
「お問合せ該当箇所の頁数と行数」
「誤りと思われる記載」
「正しいとお考えになる記載とその根拠」
を明記してください。
なお、回答までに1週間前後を要する場合もございます。あらかじめご了承ください。

---

① ウェブページ「Cyber Book Store」内の「お問合せフォーム」より問合せをする

**【お問合せフォームアドレス】**

**https://bookstore.tac-school.co.jp/inquiry/**

② メールにより問合せをする

**【メール宛先　TAC出版】**

**syuppan-h@tac-school.co.jp**

---

※土日祝日はお問合せ対応をおこなっておりません。
※正誤のお問合せ対応は、該当書籍の改訂版刊行月末日までといたします。

---

乱丁・落丁による交換は、該当書籍の改訂版刊行月末日までといたします。なお、書籍の在庫状況等により、お受けできない場合もございます。
また、各種本試験の実施の延期、中止を理由とした本書の返品はお受けいたしません。返金もいたしかねますので、あらかじめご了承くださいますようお願い申し上げます。

（2022年7月現在）